Su Busson • stressbefreit

stressbefreit

Wahrheiten für ein Leben im Flow

Su Busson

Orac

www.kremayr-scheriau.at

ISBN 978-3-7015-0611-8

Covergestaltung, typographische Gestaltung & Satz: Sophie Gudenus
Lektorat: Marilies Jagsch
Druck & Bindung: Christian Theiss GmbH, St. Stefan im Lavanttal

Inhaltsverzeichnis

Ein Schüler fragte seinen Meister:
„Wie lange werde ich brauchen, um mein Problem zu lösen?"
Der Meister erwiderte:
„Keine Minute länger, als du brauchst, um es zu durchschauen."
NACH ANTHONY DE MELLO

Bereit für eine Entdeckungsreise?

Schön, dass Sie dieses Buch in Ihren Händen halten. Sie werden darin entdecken, wie Sie weniger Stress und mehr Flow erleben. Wie Sie Druck, Ängste und Sorgen loswerden und entspannt Ihr Bestes leben können. Im persönlichen Bereich, in Ihren Beziehungen und in Ihrem Job oder Unternehmen. Das geht. Leichter als gedacht. Und es lohnt sich.

Sollten Sie zurzeit das Gefühl haben, von Stressfreiheit und Flow meilenweit entfernt zu sein, sind Sie in bester Gesellschaft. Stress scheint in der heutigen Zeit völlig normal zu sein. Er gehört einfach zum Leben dazu, heißt es. Sie müssen lernen, damit umzugehen: Stress vermeiden, Stress managen, Stress abbauen. Scheinbar ist eine Menge zu tun, wenn Sie entspannt leben und das Beste aus Ihrem Dasein machen wollen. Angebote rund um Stressmanagement und Selbstoptimierung gibt es jedenfalls wie Kokosnüsse in den Tropen. Dank meines Burnouts im Jahr 2000 und den folgenden Jahren als Coach, systemische Beraterin, Personal Trainerin und Yogalehrerin habe ich selbst unzählige Methoden, Strategien und Techniken gesammelt und viele davon in der Praxis erprobt. Solche „Anti-Stress-Tools“ sind durchaus nützlich, doch sie erfordern größtenteils Zeit, Mühe und Disziplin, und der positive Effekt ist oft nur vorübergehend zu spüren.

Meine Absicht ist es, Ihnen in diesem Buch zu zeigen, wo Ihr Seelenfrieden wirklich zu Hause ist. Egal, was Sie tun. Egal, was ist. Egal, ob Sie irgendwelche „Anti-Stress-Tools“ nutzen oder nicht. Meiner Erfahrung nach sind es Erkenntnisse und Einsichten, die zu einem natürlichen, dauerhaften und mühelosen Wandel führen. Es sind die Momente, in denen wir das Leben in einem anderen Licht sehen. Eine klarere, wahrheitsgemäßere Perspektive finden.

Stellen Sie sich vor, Sie gehen in einen Keller, um sich ein Fläschchen Wein zu holen. Im Halbdunkel sehen Sie, dass vor dem Regal eine eingekringelte Schlange liegt. Sie haben Angst vor Schlangen und erschrecken fürchterlich. Ihr Herz rast. Wie gelähmt stehen Sie an der Kellertür. Zerbrechen sich den Kopf, mit welcher Taktik Sie dieses Ungeheuer aus dem Keller vertreiben könnten. Machen vielleicht Atemübungen, die Sie im Yogaunterricht gelernt haben. Versuchen positiv zu denken, um Ihre Angst zu überwinden. Überlegen, heute auf den Wein zu verzichten und dafür demnächst wegen Ihrer Schlangenphobie eine Therapie zu beginnen. Oder in Zukunft jede Art von Keller zu vermeiden.

Während Ihre Gedanken wie wild gewordene Bienen darum kreisen, was Sie tun sollen, taucht ein Freund neben Ihnen auf. Er hat eine Taschenlampe bei sich und leuchtet damit den Keller aus. Plötzlich erkennen Sie, dass vor dem Weinregal nur ein eingekringeltes Seil liegt. Da war nie eine Schlange. Der ganze Stress, die Furcht, die Aufregung, die Grübelei – alles ist mit einem Schlag verschwunden. Alles gut. Keine Strategie, keine Atemübung, kein Positivdenken, keine Therapie ist erforderlich. Möglicherweise wundern Sie sich darüber, wie Ihre Sinne Sie so täuschen konnten. Mit dem Seil können Sie nun jedenfalls tun, was Sie damit tun möchten, oder Sie ignorieren es einfach und suchen sich Ihren wohlverdienten Wein aus. Ohne Stress, ohne Angst, ohne Drama.

Das ist offensichtlich eine erfundene Geschichte. Aber selbst, wenn Sie weder Wein trinken noch Angst vor Schlangen haben, ist etwas Wahres dran. Wir Menschen unterliegen Illusionen. Nehmen die Wirklichkeit nicht wahr, wie Sie tatsächlich ist. Sehen „Schlangen", wo in Wahrheit nur „Seile" liegen. Die meisten Stressmanagement-Ansätze und Coping-Strategien arbeiten an der Oberfläche: an Symptomen und daran, wie die Dinge zu sein scheinen. Ich möchte mit Ihnen tiefer gehen, an die Wurzel des Übels, und Ihnen eine unerschütterliche Ausgangsbasis für Ihr Leben zeigen. Das Wichtigste, von dem ich Ihnen erzählen werde, ist ein tiefes inneres Wissen, das in jedem von uns ist. Es sind Wahrheiten, die in uns wohnen. Diese Wahrheiten lehren weise Meister seit Tausenden von Jahren und sie haben in all der Zeit nichts an Relevanz eingebüßt. Gerade in unserer „schneller, besser, weiter, höher"-Zeit brauchen wir dieses Wissen vielleicht dringender als je zuvor. In jedem Fall finden Sie darin eine echte und dauerhafte Lösung für Stress. Gemeint ist nicht, dass Sie in Zukunft mit Stress besser umgehen können, sondern immer seltener Stress erleben und immer öfter im Flow sind. Und zwar mitten in Ihrem stinknormalen Alltag.

Erwarten Sie bitte nicht, dass das sofort passiert. Manche Menschen haben einen schlagartigen Moment der Erleuchtung und mit einem Mal ist alles anders. Das ist die Ausnahme und nicht die Regel. Bei den meisten Menschen – so auch bei mir – ist das Ganze vielmehr ein schleichender Prozess. Eine einzigartige Entdeckungsreise, auf der immer wieder neue Erkenntnisse und Einsichten auftauchen. Sich mehr und mehr die Nebel lichten. Sich Schritt für Schritt Knoten lösen. Die Bereitschaft, sich auf diese Reise einzulassen, ist das Einzige, was Sie mitbringen müssen.

Was heißt „sich einlassen"? Ich habe unzählige Ratgeber verschlungen. Üblicherweise bin ich dabei mit einem Leuchtstift, einem Kugelschreiber und meinem inneren Kritiker bewaffnet. Mein Verstand analysiert und zensuriert alles, was schwarz auf weiß dasteht, prüft, ob das richtig oder falsch ist und ob ich dem Ganzen zustimme oder anderer Meinung bin. Sollten Sie mir auch nur ein bisschen ähneln, macht Ihr Verstand das ebenfalls. Sie vergleichen das, was ich schreibe, mit Ihren eigenen Erfahrungen und dem, was Sie bisher gehört, gelesen und gelernt haben. Stimmt es überein, werden Sie zustimmend nicken. Beim Rest werden Sie auf inneren Widerstand stoßen. Alles, was dem „gesunden Menschenverstand" widerspricht, alles, was Sie anders erleben, und alles, was Sie nicht hören wollen, werden Sie ausfiltern und über Bord werfen. Verständlich. Die Reise wird Ihnen so allerdings wenig Neues bringen. Vieles, was ich mit Ihnen teile, steht im Widerspruch zum „gesunden Menschenverstand". Im Widerspruch zu dem, was üblicherweise verkündet wird. Im Widerspruch zu dem, wie es zu sein scheint.

Das Wichtigste kann der Verstand nicht verstehen und erfassen. Könnten wir mit dem Intellekt und den herkömmlichen Ansätzen Stress in den Griff bekommen, wäre das Problem in der heutigen Zeit nicht so verbreitet wie Smartphones. Und kein intelligenter Mensch hätte Stress. Alles, was wirklich zählt, finden Sie jenseits des Verstandes. Unter der Oberfläche. Zwischen den Zeilen und Worten.

Natürlich müssen Sie nicht alles ungeprüft schlucken, was ich Ihnen erzähle. Sie sind der „Experte" in Ihrem Leben. Niemand kennt sich diesbezüglich besser aus als Sie selbst. Wenn Sie allerdings Stress langfristig loswerden und echte Veränderungen erleben möchten, schicken Sie Ihren Expertengeist für die nächsten Wochen auf Urlaub. Zumindest, solange Sie dieses Buch lesen. Wunder können geschehen, wenn Ihr Geist offen ist – offen für neue Ideen, Perspektiven und Denkweisen. Machen Sie sich innerlich bereit, Neues zu lernen und auszuprobieren. Vielleicht auch Dinge, die Sie schon tausendmal gehört haben, auf neue Weise aufzunehmen, damit in Ihrem Alltag zu experimentieren und Erfahrungen zu sammeln. Statt mit Ihrem Verstand und Ihrem Wissen überprüfen Sie mit Leib, Seele und offenem Geist, ob das stimmt, was ich hier schreibe. Und seien Sie neugierig, was das Leben in jedem Augenblick bringt, statt davon auszugehen, dass alles so ist, wie es immer ist.

Das Geniale daran: Sie lesen dieses Buch und gleichzeitig besuchen Sie den großartigsten Workshop der Welt. Enorm aufwendig gestaltet, mit 3D-Animation, mit unzähligen anderen Teilnehmern, interaktiv und mit direktem und indirektem Feedback-System ausgestattet. Dieser Workshop ist Ihr tägliches Leben. Er läuft rund um die Uhr und bietet Ihnen alle Voraussetzungen inklusive Requisiten, Szenen und Mitspielern, um neue – stressbefreiende – Erkenntnisse zu gewinnen. Sie können hier jeden Tag und jede Situation nutzen, um zu experimentieren, zu üben und sich auszuprobieren. Ihr wichtigster Lehrer sind Ihre Erfahrungen selbst und das Einzige, was Sie mitbringen müssen, ist Ihre Aufmerksamkeit, Offenheit und Neugier. Sonst verschlafen Sie quasi den „Unterricht" und bemerken gar nicht, welch bedeutende Rolle Sie selbst bei der Gestaltung dieses einzigartigen Workshops spielen.

Genug der einleitenden Worte. Wenn Sie bereit sind für diese Entdeckungsreise, lassen Sie uns bei den Schlangen anfangen und behutsam mehr Licht ins Dunkel bringen.

Stress oder Flow

Zu Beginn unserer Reise in die Stressfreiheit möchte ich gleich eine Befürchtung ausräumen. Manche Menschen haben Angst davor, etwas gegen ihren Stress zu unternehmen und im Flow zu sein – aus Sorge, faul zu werden. Die Idee lautet überspitzt ausgedrückt: Wenn ich keinen Stress und Druck hätte, säße ich nur mehr mit Netflix auf dem Sofa herum. Falls Sie diese Sorge teilen, kann ich Sie beruhigen: Das ist nicht wahr. In Ihnen steckt universelle Lebenskraft, die durch Sie zum Ausdruck gebracht werden möchte. Frei von Stress haben Sie wesentlich mehr Energie zur Verfügung und können entspannt produktiver, kreativer und schaffenskräftiger sein. Im Flow tun Sie nicht nichts, sondern die richtigen Dinge zur richtigen Zeit. Und zwar mit einem Gefühl von innerer Klarheit, Leichtigkeit und Freude. Dieser Seinszustand führt zu besseren Erfahrungen, Leistungen und Ergebnissen in allen Bereichen Ihres Lebens. Lassen Sie es auf einen Versuch ankommen. Im Notfall kehren Sie wieder zu Ihren alten Mustern zurück. Der neue Weg fängt damit an, ein Bewusstsein zu schaffen für Stress und Ihr momentanes Stresserleben.

Ich bin schon vom Stress gestresst, bevor es überhaupt einen Stress gibt, wegen dem ich gestresst sein könnte.

WWW.VISUALSTATEMENTS.NET

Ein kleiner Stresstest

Wie zeigt sich Stress derzeit in Ihrem Leben? Um das herauszufinden, stelle ich ein paar Behauptungen auf. Sie sagen, wie häufig diese in den letzten Wochen auf Sie zutrafen bzw. aktuell zutreffen. Dazu können Sie eine Skala von „Nie“ bis „Sehr oft“ nutzen oder einfach nur mit „Ja“ oder „Nein“ antworten.

Traf Folgendes in den letzten Wochen auf Sie zu? Und falls ja, wie oft?

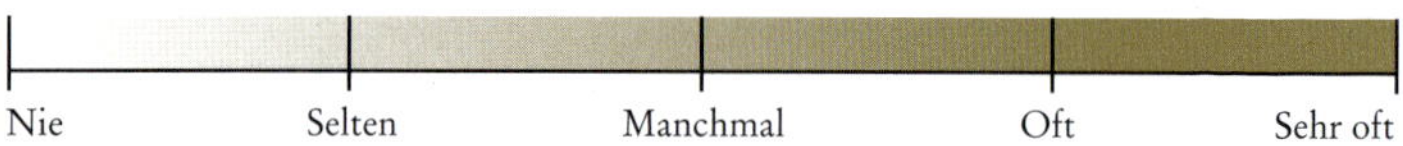

- Sie sind innerlich unruhig, nervös oder angespannt.
- Sie können schwer abschalten und entspannen.
- Sie haben das Gefühl, zu wenig Zeit zu haben.
- Sie haben das Gefühl, nicht genug zu schaffen.
- Sie haben das Gefühl, alles sei dringend.
- Sie fühlen sich überlastet – es ist einfach zu viel.
- Sie fühlen sich überfordert – manches wächst Ihnen über den Kopf.
- Sie spüren, dass viel Druck auf Ihnen lastet – wie z. B. Leistungsdruck, Erfolgsdruck oder finanzieller Druck.
- Sie reagieren leicht gereizt und werden schnell ärgerlich.
- Sie haben Auseinandersetzungen mit anderen Menschen, die Sie belasten.

- Sie leiden unter unausgesprochenen Konflikten.
- Sie sind ungeduldig und Ihnen geht alles zu langsam.
- Sie grübeln viel und machen sich Sorgen.
- Sie kommen im Kopf nicht zur Ruhe.
- Es plagen Sie Selbstzweifel.
- Es plagen Sie Ängste.
- Es fällt Ihnen schwer, Entscheidungen zu treffen.
- Sie haben Angst, Fehler zu machen.
- Es fällt Ihnen schwer, sich zu konzentrieren.
- Sie fühlen sich wie ein Hamster im Rad.
- Sie haben das Gefühl, unter Strom zu stehen.
- Sie sind untertags müde und fühlen sich erschöpft.
- Sie haben Schwierigkeiten einzuschlafen, weil Sie innerlich nicht zur Ruhe kommen.
- Sie wachen mitten in der Nacht auf und wälzen Probleme.
- Sie leiden unter Schlaflosigkeit.
- Sie nehmen ein Schlafmittel, um schlafen zu können.
- Beim Aufwachen fühlen Sie sich gerädert und kommen kaum aus dem Bett.
- Sie haben weniger Freude an Dingen und Aktivitäten.
- Sie haben spürbar weniger Kraft als üblich.
- Ihnen fehlt die Energie für Dinge, die Sie gerne tun würden.
- Sie wollen Ihre Ruhe von anderen Menschen.
- Sie sind weniger sozial als früher.
- Das Lachen ist Ihnen vergangen.
- Sie haben deutlich weniger Lust auf Sex.
- Sie sind vergesslicher als sonst – vergessen z. B., wo Sie den Schlüssel hingelegt haben, wo Sie Ihr Auto geparkt haben oder ausgemachte Termine.
- Sie funktionieren im Alltag, aber glücklich und erfüllt sind Sie nicht.

- Sie nutzen Kaffee, Energydrinks oder Ähnliches, um sich zu pushen.
- Sie kämpfen mit Gewichtsproblemen, weil Sie zu viel oder zu wenig essen.
- Sie haben Heißhunger auf zuckerreiche Lebensmittel.
- Sie nutzen Alkohol, Zigaretten, Süßigkeiten oder andere Suchtmittel, shoppen oder spielen im Internet, um sich zu entspannen und runterzukommen.
- Sie fühlen sich hoffnungs- und lustlos.
- Ihnen fehlen der Antrieb und die Motivation.
- Sie fühlen sich innerlich leer und ausgebrannt.
- Ihre Atmung ist eher flach und schnell oder Sie leiden unter Atembeschwerden.
- Sie haben depressive Verstimmungen oder Depressionen.
- Sie haben Verspannungen, Kopf-, Nacken- oder Rückenschmerzen.
- Sie haben Magen-Darm-Probleme wie Durchfall, Verstopfung, Reizdarm oder Sodbrennen.
- Sie haben Herz- und Kreislaufbeschwerden wie Bluthochdruck, Schwindelgefühl oder Herzrasen.
- Sie haben Panikattacken.
- Sie haben sonstige Symptome, die mit Stress zu tun haben könnten, wie unkontrolliertes Muskelzucken, Hautprobleme oder Haarausfall.

Jede dieser Aussagen kann ein Zeichen oder Symptom für Stress sein – und die Liste ließe sich erweitern. Dieser kleine Test spuckt jetzt keine bestimmte Punktezahl aus und liefert keine Diagnose. Weder möchte ich Sie mit einem „Etikett“ versehen, noch mit einem bestimmen Ergebnis stressen. Die Fragen sollen Ihnen bewusst machen, wie sich Stress in Ihrem Leben zeigt.

Naheliegend ist natürlich, dass Ihr Stresslevel hoch ist, wenn Sie vielen Aussagen mit „Ja“ bzw. mit „Oft“ oder „Sehr oft“ zugestimmt haben. Möglicherweise treffen aber auch nur wenige Behauptungen zu und trotzdem fühlen Sie sich gestresst; das heißt, Stress zeigt sich bei Ihnen nur in wenigen, aber dafür deutlichen Symptomen. Machen Sie sich ein paar Notizen über Ihren Ist-Zustand. Im Laufe der Zeit können Sie immer wieder zu diesem kleinen Stresstest zurückkehren und feststellen, was besser geworden ist.

Je mehr Anzeichen und Stresssymptome sich bereits bemerkbar machen, desto mehr haben Sie in Ihrem Leben zu gewinnen. Die Rede ist von einer dramatischen Verbesserung Ihrer Lebensqualität. Davon,

- viel mehr Zeit frei von Stress, Ängsten, Druck und Sorgen zu sein.
- viel mehr Leichtigkeit und inneren Frieden zu erleben.
- viel mehr Energie und Kraft zu haben für das, was Ihnen wirklich wichtig ist.
- viel gelassener Wunderbares zu schaffen und zu bewirken.

Schauen wir jetzt also, wie Sie Ihren Stress loswerden.

„Warum klappst du bei dem ganzen Stress nicht zusammen?"
„Keine Zeit!"

Die drei Klassiker im Umgang mit Stress

Nehmen Sie sich bitte einen Moment Zeit und notieren Sie auf einem Blatt Papier, was Ihnen zurzeit Stress, Druck, Ängste und Sorgen bereitet. Ohne lange nachzudenken: Was sind die Stressfaktoren in Ihrem Leben?

Ein paar Beispiele für häufig genannte Stressquellen:
Zeitmangel, Arbeitslast, Leistungsdruck, Ergebnisdruck, Rechnungen, finanzielle Probleme, Verpflichtungen, Erwartungen anderer, der Job (kein Job), Streit, negative Stimmung, Konflikte, der Partner, Kinder, die Eltern, der Chef, die Mitarbeiter, der Kunde (fehlende Kunden), der/die Ex, eine Trennung, ein Umzug, eine traumatische Erfahrung, schwierige Entscheidungen, Lärm, die E-Mail-Flut, lange Meetings, die Nachrichten, Autofahren, Stau, Flugreisen, gesundheitliche Probleme, eine Diagnose, Wartezeiten etc.

Jetzt sind Sie an der Reihe. Bevor Sie weiterlesen, schreiben Sie Ihre persönliche Stressliste.

Auf den meisten Listen stehen bestimmte Situationen, Umstände, Menschen, Verhaltensweisen von Menschen oder Plätze. Es scheint logisch und sinnvoll, dass bei diesen Themen irgendetwas anders werden muss. Die üblichen Lösungsversuche lassen sich grob in drei Schubladen einordnen:

Stressvermeidung – um weniger Stress zu haben

Laut einigen Stresstheorien gibt es äußere Faktoren, die eine körperliche und psychische Stressreaktion hervorrufen. Die meisten Menschen würden das bestätigen. Beispielsweise sagen: Leistungsdruck ist stressig. Zeitdruck ist stressig. Der Tod eines Angehörigen ist stressig. Eine Trennung ist stressig. Ein Umzug ist stressig. Lärm ist stressig. Reizüberflutung ist stressig. So ist es nun einmal.

Was, denken Sie, sind Ihre äußeren Stressfaktoren? Bei welchen Punkten könnten Sie andere Menschen leicht davon überzeugen, dass sie wirklich stressig sind?

Gäbe es tatsächlich äußere Stressfaktoren, wäre es sinnvoll herauszufinden, wie Sie diese vermeiden bzw. reduzieren könnten. Bevor Sie in die Richtung weiterdenken, lesen Sie die unerwünschten Nebenwirkungen, die bei dieser Art von Stressbewältigung häufig auftauchen:

Ihre Welt wird immer kleiner

Alles im Leben hat das Potenzial, stressig zu sein. Wer *denkt*, dass die Ursachen von Stress „da draußen" liegen, läuft Gefahr, in einer immer kleineren Welt zu leben. Immer höhere innere und äußere Schutzmauern bauen zu müssen, um inneren Frieden zu finden. Jedes Detail seines Lebens kontrollieren zu müssen, um Stress zu vermeiden. Vieles nicht (mehr) tun zu können, weil es eben mit Stress verbunden ist oder sein könnte.

Fakt ist: Selbst wenn Sie *alle* äußeren Stressfaktoren vermeiden, können Sie sich innerlich gestresst fühlen. Genau so, wie ein Millionär Existenzängste haben kann.

Sie stecken in einem Dilemma

Ausgerechnet die Dinge, die wir lieben oder mögen, sind oft mit Stress verbunden. *Eigentlich* lieben Sie Ihre Kinder und Ihren Partner und wünschen sich ein erfülltes Miteinander, trotzdem gibt es Stress in der Beziehung. *Eigentlich* mögen Sie Ihren Job, wenn da nicht der Stress mit der To-do-Liste, dem Chef oder den Kollegen wäre. *Eigentlich* möchten Sie längst den Sprung in die Selbstständigkeit wagen oder eine neue Position und eine neue Herausforderung annehmen, aber das ist mit Unsicherheit und Stress verknüpft – deswegen lassen Sie es lieber und träumen weiter. So sind Sie innerlich gespalten, und dieser Zwiespalt bringt Stress mit sich.

Sie tauschen ein Übel gegen ein anderes

Manche Situationen sind leicht zu vermeiden. Manche Tätigkeiten lassen sich delegieren; vor allem, wenn Sie bereit sind, dafür zu bezahlen. Auch den Partner zu verlassen oder den Job zu wechseln, ist eine Option. All das kann manchmal durchaus richtig und sinnvoll sein.

Viele Menschen tauschen jedoch die Außenwelt aus – suchen sich beispielsweise einen neuen Partner, einen neuen Job, neue Freunde oder eine neue Umgebung –, in der Hoffnung, dass dann alles anders wird. Nach kurzer Zeit stellen Sie allerdings fest, dass sich nicht *wirklich* etwas verändert hat. Immer wieder das gleiche Muster. Schon wieder Stress mit dem Partner, dem Job, den Freunden oder der neuen Wohnung.

All das können Sie sich ersparen, denn der ganze Ansatz basiert auf einem großen Missverständnis. Doch zunächst zum zweiten Stressbewältigungs-Klassiker:

Stressmanagement – um mit Stress besser umzugehen

Die meisten Stresstheorien gehen davon aus, dass Belastungen von außen (äußere Stressoren) nicht notwendigerweise Stress verursachen. Erst die innere Reaktion eines Menschen ist entscheidend, ob und in welchem Ausmaß Stress entsteht. Ihre innere Einstellung, die Interpretation der Situation, persönliche Erwartungen, gefühlte Kontrollmöglichkeiten und verfügbare Bewältigungsstrategien spielen eine große Rolle dabei, ob Sie gestresst sind oder nicht. Es liegt also auch an Ihnen.

In Folge geht es weniger darum, äußere Stressfaktoren zu vermeiden, sondern darum, in der Lage zu sein, Stress gut zu managen: Sie müssen lernen, mit äußeren Stressoren besser umzugehen, um gelassener zu bleiben. Lernen, innere Stressfaktoren zu reduzieren und sich selbst weniger Stress zu machen. Und Strategien entwickeln, um entstandenen Stress möglichst gut bewältigen bzw. schnell wieder abbauen zu können.

Praktisch schaut das beispielsweise so aus: Sie besuchen ein Zeit- und Selbstmanagement-Seminar, gewöhnen sich an, Aufgaben zu delegieren und öfter Nein zu sagen, reduzieren Ihre perfektionistischen Ansprüche, treiben Sport, praktizieren Yoga, meditieren, nutzen Atemtechniken, trinken Gelassenheitstee, arbeiten ein Trauma auf, klopfen[1] Ihren Stress weg, lernen gewaltfrei zu kommunizieren, schreiben Dankbarkeitslisten und so weiter.

Es gibt *unzählige* Ansätze, um Stress zu managen. Alles, was Ihnen guttut, Freude macht und hilft, ist durchaus dienlich. Interessante „Begleiterscheinungen“ gibt es jedoch auch bei diesem Lösungsversuch. Folgende zwei Phänomene tauchen in meiner Coaching-Praxis am häufigsten auf:

Das „Eigentlich weiß ich, aber ...“-Phänomen

Bei den wenigsten Menschen mangelt es an Wissen darüber, was sie tun könnten und verändern müssten. Bei den meisten hapert es an der Anwendung und Umsetzung. Strategien, Tools und Techniken bleiben ungenutzt in der Gedankenschublade, selbst wenn wir sie dringend bräuchten.

Dieses Phänomen fiel mir das erste Mal vor vielen Jahren bei einem Meditationskurs auf. Ich hockte dort mit zehn anderen Teilnehmern und wir alle wollten etwas gegen den Stress in unserem Leben unternehmen. Jeder wünschte sich mehr innere Ruhe, Gelassenheit und Frieden. Am Schluss der ersten Stunde forderte uns unser Meditationslehrer auf, in der kommenden Woche jeden Tag fünfzehn Minuten einfach nur mit geschlossenen Augen still zu sitzen. Mehr nicht.

Beim nächsten Treffen fragte der Lehrer, wie es uns allen denn so ergangen sei mit dem Stillsitzen. Betretenes Schweigen. Keiner hatte die Hausaufgabe gemacht. Bei der Frage „Warum nicht?“ waren wir uns alle einig: „Keine Zeit, zu viel Stress.“

Absurd, oder? Jein. Die meisten stressgeplagten Menschen haben ohnehin gefühlt viel zu wenig Zeit oder Energie, um all ihre To-dos zu erledigen. Zeitaufwendige Stressmanagement-Taktiken fallen dann – oft mit schlechtem Gewissen – unter den Tisch.

Bewährte Techniken oder Strategien sind außerdem oft wirkungslos. Sagen wir, Sie sind gestresst und wollen meditieren. Kaum sitzen Sie, rattern all die Dinge durch Ihren Kopf, die heute noch zu erledigen sind. Von innerer Stille und Ruhe ist keine Rede. Im Gegenteil, Sie werden immer unruhiger. Schon ist der Meditationsversuch wieder gestrichen.

Das „Stress mit dem Stressmanagement"-Phänomen

Eine meiner Yogaschülerinnen war regelmäßig gestresst, sobald sie die Yogaklasse am Montag in der Früh versäumte – gefühlt war für sie die restliche Woche im Eimer.

Sich Stress zu machen oder sogar Schuldgefühle zu haben, wenn das persönliche „Stressmanagement-Programm" ausfällt, wirkt wie Öl im Feuer. Sich zu bestimmten Dingen zu quälen und zu zwingen, in der Hoffnung, dadurch am Ende des Tages weniger Stress zu haben, ist ebenso kontraproduktiv. Absurd wird es, wenn vor lauter Stressmanagement das Leben zu kurz kommt. Das letzte Anti-Stress-Buch, das ich las, verordnete mir zehn (!) Techniken, die ich täglich (!) anwenden musste, um weniger Stress zu haben. Äh?

Manche Menschen arbeiten ständig an sich – lesen zig Bücher, besuchen Kurse und suchen dauernd nach neuen Ansätzen, um besser zu leben. Sie vergessen dabei, zwischendurch lockerzulassen, die Zügel aus der Hand zu geben und das Leben einfach zu genießen.

Stress aushalten und positiv sehen

No pain, no gain[2]. Als Personal Trainerin war das meine Standardfloskel, um meine Schützlinge zum Weitermachen zu motivieren. Muskeln wachsen nur, wenn wir uns anstrengen. Wenn wir nicht aufgeben und auch die letzten schweren, fast unmöglichen Wiederholungen durchhalten. Im Fitnesstraining und Bodybuilding ist etwas Wahres dran an den Worten „No Pain, no gain". Dieser schlaue Spruch ist allerdings für viele Menschen zu einer allgemeingültigen Lebensweisheit geworden. Wer Erfolg haben möchte, muss eben Stress aushalten und Schmerz in Kauf nehmen, heißt es. Wer daran glaubt, versucht den Stress zu besiegen, indem er härter, zäher und widerstandsfähiger wird und so etwas wie „Stressmuskeln" entwickelt. Frei nach dem Motto: Was mich nicht umbringt, macht mich stärker.

Viele Menschen sind überzeugt, dass Stress notwendig ist, um sich zu entwickeln, zu wachsen und besser zu werden. Für erstaunlich viele ist er sogar ein Statussymbol und ein Zeichen von Wichtigkeit. Stress mit all seinen Begleiterscheinungen zeigt, dass jemand engagiert, beschäftigt und gefragt ist. Genügend Vorgesetzte denken, dass ihre Mitarbeiter eben reinbeißen müssen, um die geforderte Leistung zu bringen. Die zunehmenden Burnout-Zahlen sprechen eine andere Sprache. Mit dieser „Durchbeißen"-Parole gehen häufig unangenehme bis lebensbedrohliche Nebenwirkungen einher:

Warnsignale übergehen

Wer meint, Stress aushalten und sich durchbeißen zu müssen, übergeht oft die Warnsignale des Körpers. Dass der Stress zu viel war, wird manchen erst bewusst, wenn sie mit Blaulicht, Einsatzhorn und Herzinfarkt ins Krankenhaus eingeliefert werden. Selbst im Fitnessbereich und im Bodybuilding ist hinlänglich bekannt, dass das richtige Maß an Pausen und Regeneration das Um und Auf ist, damit Muskeln wachsen. Und „Schmerz" im Training bedeutet keineswegs, echte Schmerzen aushalten zu müssen und Warnsignale des Körpers zu übergehen, die vor Verletzungen und Überlastungen warnen. Gemeint ist lediglich, die eigene Komfortzone zu verlassen und ein Muskelbrennen mit einem leichten Unwohlsein in Kauf zu nehmen – und zwar für eine *kurze* (!) Zeit.

Ihre Innenwelt spielt auf Dauer nicht mit

Selbst wenn äußerlich alles in Ordnung zu sein scheint, schaut das Innenleben bei den „Harten“ oft anders aus. Sie haben scheinbar alles im Griff und geben „ein gutes Bild“ ab, aber innerlich plagen sie Ängste, Unruhe, Sorgen oder eine Leere, die sie sich selbst kaum eingestehen können. Diese Kluft überbrücken viele mit Essen, Alkohol, Shoppen oder anderen Kompensationsstrategien.

Fehlbestellung beim Universum

Menschen mit einer „Stress ist gut“-Einstellung zeigen eine moderatere und deutlich kürzere Stressreaktion als Menschen, die *denken*, Stress macht krank. Das belegen mittlerweile wissenschaftliche Untersuchungen. Dass Stress mit dem Stress die Situation verschlimmert, leuchtet wohl jedem ein. Der Glaubenssatz „Stress ist gut“ ist aber quasi eine Absichtserklärung an das Universum, Stress haben zu wollen. Die Frage ist, ob Sie das wirklich möchten. Oder bevorzugen Sie eine stressbefreite Alternative?

Abnehmende Produktivität

Stressbefreit erfolgreich sein. Das klingt für viele Ohren wie aus einem Märchen der Brüder Grimm. Fakt ist, Stress macht *nicht* erfolgreich. Unter Stress leidet auf Dauer nicht nur Ihre Gesundheit, sondern auch Ihre Produktivität, Ihre Kreativität und Ihre Problemlösungskompetenz. Auch das belegen zahlreiche Studien. Je größer der Stress, desto höher die Wahrscheinlichkeit, dass Sie schlechte Entscheidungen treffen. Außerdem verschlechtern sich Ihre Kommunikationsfähigkeiten und Ihre Fähigkeiten, mit anderen Menschen konstruktiv zusammenzuarbeiten.

Mit anderen Worten, im Dauerstress können Sie unmöglich Ihre Spitzenleistung bringen.

So viel zu den Klassikern der Stressbewältigung. Noch einmal zur Klarstellung: Alle drei Zugänge und die damit verbundenen Ansätze, Strategien und Tipps können mehr oder weniger hilfreich sein, um mit Stress besser umzugehen.

Beim Credo „Stress hat man eben und wir müssen lernen, ihn zu vermeiden, zu managen bzw. auszuhalten" wird aber kaum mehr infrage gestellt, ob Stress wirklich ein notwendiges Übel ist, mit dem wir in der heutigen Zeit unweigerlich zu tun haben und mit dem wir zurechtkommen müssen.

- Was, wenn Stress in Wahrheit gar nicht sein muss?
- Was, wenn es die Option gibt, mitten im Alltag frei zu sein von Druck, Ängsten und Sorgen?

Lassen Sie uns herausfinden, wie das möglich werden kann.

Ich male mir grundsätzlich alles in 100 verschiedenen
Szenarien aus, um auf alles vorbereitet zu sein.
Und dann passiert Nr. 101.

Auf den Spuren des Stressphänomens

Was ist überhaupt Stress? Stress ist das, was Stresssysteme aktiviert. So lautet eine einfache Definition. „Die Stressreaktion ist eine durch die Evolution geformte, sehr schnelle Anpassungsmöglichkeit des Körpers an auftretende Gefahrensituationen, mit dem Ziel, das Überleben zu sichern." So steht es in Wikipedia. Stress ist also steinalt und eine gesunde Reaktion unseres Körpers.

In grauer Vorzeit sicherte Stress das Überleben.

Begeben wir uns auf eine kleine Zeitreise zu unseren Vorfahren in die Steinzeit. Sie waren Jäger und Sammler, die sich vor Feinden in Acht nehmen mussten. Damals war es keine Seltenheit, dass ein hungriges Raubtier oder ein speerschwingender Krieger aus dem Gebüsch sprang, und unsere Vorfahren mussten in Nullkommanichts bereit sein, zu fliehen oder anzugreifen. Wer nicht auf Bedrohungen achtete und nicht angemessen darauf reagierte, bezahlte mit seinem Leben.

Stellen Sie sich vor, Sie verlassen Ihre lauschige Steinzeithöhle, wandern auf der Suche nach Nahrung durch die Steppe und plötzlich bäumt sich ein zähnefletschender Säbelzahntiger vor Ihnen auf. Schneller als Sie denken können schaltet Ihr Körper sein Überlebensprogramm ein und tut alles, was nötig ist, um Sie aus der Gefahrenzone zu befördern. Maßgeblich daran beteiligt ist der Sympathikus, auch sympathisches Nervensystem genannt. Unwillkürlich – ohne dass Sie das willentlich beeinflussen können – mobilisiert der Sympathikus Ihr gesamtes System. Das Stresshormon Adrenalin, das die sogenannte Kampf-oder-Flucht-Reaktion auslöst, wird ausgeschüttet. Die Atmung beschleunigt sich. Ihr Herz schlägt schneller. Der Blutdruck steigt. Mehr Blut wird durch den Körper gepumpt, der Energielieferant Glukose freigesetzt, der Blutzuckerspiegel schießt in die Höhe und Insulin sorgt dafür, dass die Glukose aus dem Blut in die Zellen kommt. Auf diese Weise haben Sie die Kraft, entweder mit der Raubkatze zu kämpfen oder um Ihr Leben zu rennen. In jedem Fall ist Ihr Stress relativ schnell wieder vorbei. Durch den Kampf oder die Flucht wird das Adrenalin abgebaut und sofern Sie die Gefahr heil überstehen, können Sie sich in aller Ruhe von der Strapaze erholen. So viel wie heute gab es ja in der Steinzeit noch nicht zu tun.

An dieser Stelle kommt der beruhigende Teil Ihres Nervensystems ins Spiel: der Parasympathikus – auch als Ruhenerv oder Erholungsnerv bezeichnet. Er sorgt dafür, den Organismus wieder in einen ausgeglichenen und entspannten inneren Zustand zu bringen. Der Atem beruhigt sich. Der Herzschlag verlangsamt sich. Die Muskeln entspannen sich. Außerdem lässt die psychische Spannung nach, das Tunneldenken hört auf und die emotionale Befindlichkeit verbessert sich. Sobald die innere Balance wiederhergestellt ist, sind Sie in einem ausgeglichenen, entspannten, energiereichen, aktionsbereiten und lockeren Zustand. Das macht Ihr Körper von alleine.

Über das Zusammenspiel von Sympathikus und Parasympathikus strebt der Körper nach einem optimalen Verhältnis zwischen Spannung und Entspannung. Wir brauchen beide Seiten, schließlich wollen wir unser Leben nicht nur entspannt im Bett verbringen. Doch je höher die Sympathikus-Aktivierung, desto mehr Stress empfinden wir. Je länger und intensiver eine Stressphase ist, desto eher schlägt sie auf die Gesundheit.

> Erst andauernder Stress macht das Gift.

Die beiden Stresshormone Adrenalin und Cortisol spielen hier eine wichtige Rolle. Dieses Gefühl, wenn Adrenalin in den Körper einschießt, kennt jeder. Erst unlängst spazierte ich in Gedanken versunken auf dem Gehsteig, als aus heiterem Himmel eine Katze vor meine Füße sprang. Schreiend und mit klopfenden Herzen rannte ich auf die Straße. Auch das arme Tierchen hatte einen Schock. Müßig zu erwähnen, dass es keine Raubkatze war. Gestern im Kaffeehaus, während ich genüsslich meinen Soja-Latte-Macchiato trank und zufällig aus dem Fenster schaute, entdecke ich einen Parksheriff. Vor meinem Auto. Mit einem Strafzettel in der Hand. Schreiend und mit klopfenden Herzen rannte ich auf die Straße. (Im Gegensatz zur Katze blieb der Sheriff leider unerschrocken.) Zweimal Adrenalin pur. Sie wissen, wie sich das anfühlt.

Adrenalin ist das Hormon für akuten Stress. Den Stress, der plötzlich einsetzt und nicht lange dauert. Vereinfacht gesagt ist Adrenalin ein schnelles, kurzfristiges Aufputschmittel. Rasch gebildet und rasch wieder abgebaut, sobald es seinen Job erfüllt hat.

Bei länger anhaltendem Stress spielt ein anderes Hormon die Hauptrolle: Cortisol. Dieses Stresshormon schützt den Körper davor, zu lange unter einem zu hohen Adrenalinspiegel zu stehen und sorgt gleichzeitig dafür, dass wir auch eine längere Stressphase gut überstehen. Cortisol ist quasi ein „Durchhaltemittel“. Genauso wie Adrenalin ist es lebensnotwendig und hat eine wichtige Funktion im Körper. Es hilft uns in der Früh aus dem Bett zu kommen und schenkt uns Kraft, um den Anforderungen des Tages gerecht zu werden. Wenn wir allerdings unter Dauerstress stehen und der Cortisolspiegel ständig hoch ist, wird es kritisch.

Zurück in die Steinzeit. Neben kurzfristigen Lebensbedrohungen und damit einhergehendem, kurzem Stress, hatten unsere Vorfahren länger anhaltenden Stress vor allem aus einem Grund: Nahrungsknappheit. Überschwemmungen, Dürre oder Stammeskämpfe führten immer wieder zu Hungersnöten. Keiner wusste, wann es das nächste Mal etwas zu essen geben würde. Unser Körper ist auch dafür gerüstet und schützt unser Leben, indem er in solchen Hungerperioden vermehrt Cortisol ausschüttet. Ein erhöhter Cortisolspiegel signalisiert den Zellen, dass Nahrung knapp ist und damit gut gehaushaltet werden muss. Der Stoffwechsel fährt herunter. Nachdem Muskeln mehr Energie verbrauchen als Fett, greift der Körper auf die Muskelmasse als Brennstoff zurück; während Körperfett langsamer abgebaut bzw. Nahrung als Bauchfett gespeichert wird, damit wir den Mangel überleben. (Hungern ist aus ebendiesen Gründen übrigens zweckwidrig, wenn Sie abnehmen wollen.)

Diese archaischen Stresssysteme funktionieren in unserer Zeit noch genauso wie vor Tausenden von Jahren. Stress ist ein Alarmsystem des Körpers und dient dazu, unser Überleben bei Gefahr zu sichern. Ohne diese Mechanismen wäre die

Menschheit längst ausgestorben. Während allerdings früher die Ausschüttung von Stresshormonen den Menschen das Leben gerettet hat, sind es eben diese Stresshormone, die heute die meisten Gesundheitsschäden anrichten.

Ein zu hoher Adrenalinspiegel aufgrund von Stress ohne reale Gefahr kann unter anderem zu Nervosität, innerer Unruhe, Schlaflosigkeit oder Herzschäden führen.

Ein unausgewogener oder erhöhter Cortisolspiegel kann das Immunsystem schwächen, die Knochendichte senken, ungesunde Essgelüste auslösen, das Gewicht, den Blutdruck oder den Cholesterinspiegel erhöhen, das Herz schädigen und die mentale Leistungsfähigkeit und das Gedächtnis negativ beeinflussen. Das Risiko für Depressionen, Angstzustände und psychische Erkrankungen nimmt zu und die Lebenserwartung ab. Und so weiter. Manchen Stressforschern zufolge wird fast jede Krankheit, an der wir heute leiden, durch Stress verursacht, ausgelöst oder verschlimmert.

Radikal gesagt: Was eigentlich unser Überleben sichern soll, bringt uns heute um. Selbst wenn uns Stress nicht gleich das Leben kostet, so raubt er jedenfalls die Lebensqualität. Das Absurde daran:

Heutzutage ist Stress meist unangemessen, unnötig und kontraproduktiv

Haben Sie sich in den letzten Wochen auf irgendeine Weise gestresst gefühlt? Eine unsinnige Frage. Sie würden dieses Buch kaum lesen, wäre Stress kein Thema in Ihrem Leben. Damit klar wird, worauf ich hinauswill, eine weitere Frage: Wie oft waren Sie in den letzten Wochen in Lebensgefahr? Ich meine, *ernsthaft* in Lebensgefahr?

Wenn Sie jemals in einer lebensbedrohlichen Situation waren, wissen Sie, dass sich diese Art von Stress anders anfühlt als der Stress, den wir uns üblicherweise machen. In einer echten Notsituation gibt es kein Problem. Das Nachdenken setzt aus. Der Kopf ist wie leergefegt. Der Verstand hat keine Zeit, ein Problem daraus zu machen. Wir sind vollkommen gegenwärtig. Plötzlich sind wir zu Dingen in der Lage, zu denen wir unter normalen Umständen nicht fähig wären. So kommen die Geschichten von Menschen zustande, die in einer Gefahrensituation ein tonnenschweres Auto hochheben oder plötzlich schneller rennen können als Usain Bolt. Oder wir stehen so unter Schock, dass wir wie weggetreten sind – und nicht einmal Schmerzen spüren. Der Stress, von dem in diesem Buch die Rede ist, wirkt sich anders aus und hat vor allem nichts mit einer realen Lebensgefahr zu tun.

Manche Menschen trauern der guten alten Zeit nach. Der Zeit, als es noch nicht so stressig war. Dabei ist unser Dasein heute weit sicherer als früher. Wir leben mehr als zweieinhalbmal länger als unsere Kollegen aus der Steinzeit und fast doppelt so lange wie die Menschen im Mittelalter. Die meisten von uns genießen den Luxus, nur selten in echter Gefahr zu sein. Trotzdem tun wir so, als müssten wir ständig um unser Überleben kämpfen. Raubtiere rennen heute eher selten frei herum. Und von Nahrungsmittelknappheit kann im deutschsprachigen Raum kaum die Rede sein. Der Stress, mit dem wir in aller Regel zu tun haben, hat andere Ursachen. Ursachen, die in Wahrheit keine Stressreaktion erfordern.

Im Gegenteil, unter „künstlichem“ Stress sind wir innerlich unruhig, nervös, ängstlich, gehetzt, gereizt oder ungeduldig. Konstruktives Denken ist kaum möglich. Entweder der Kopf ist völlig blockiert oder ungebetene Gedanken schwirren im Kopf herum und quälen uns wie Mücken in der Dämmerung. Kein sehr lösungsdienlicher Zustand. Mit den allermeisten Herausforderungen der heutigen Zeit können wir wesentlich besser umgehen, wenn wir innerlich ruhig, klar im Kopf und entspannt sind. Theoretisch wissen Sie das vermutlich.

Sollten Sie ein Problem damit haben, in Ihrem Alltag die Gelassenheit in Person zu sein, kann ich Sie beruhigen. Das ist keine Ihnen anhaftende persönliche Schwäche, sondern zutiefst menschlich.

Werfen wir einen genaueren Blick auf unser „Schutzprogramm". Nur unser Großhirn ist in der Lage, zwischen physischen und psychischen Gefahren zu unterscheiden und realistisch zu beurteilen, ob etwas überhaupt lebensgefährlich ist oder nicht. Das Großhirn ist aber leider nicht der Boss in diesem Spiel. Es arbeitet zu langsam. Bis es eine Situation präzise eingeschätzt hätte, könnte uns das in bedrohlichen Situationen das Leben kosten. Das Stammhirn reagiert wesentlich schneller auf Reize und hat daher das Sagen. Bei Gefahr reagieren wir reflexartig, rasch und willkürlich, ohne lange nachzudenken. Dieses Sicherheitssystem ist obendrein hochsensibel eingestellt. Lieber einmal zu oft Alarm schlagen als einmal zu wenig. Für diese entwicklungsgeschichtlich älteren Hirnareale ist es gleichgültig, ob eine Bedrohung real ist oder nicht. Gleichgültig, ob sie tatsächlich gerade stattfindet oder wir sie uns nur vorstellen. Was immer Sie sich gedanklich ausmalen, wirkt sich unmittelbar auf Ihren Körper und Ihren Gefühlszustand aus. Durch den „Film", der in Ihrem Kopf läuft, können Sie sich hier und jetzt gestresst fühlen, obwohl im Moment überhaupt kein Grund dafür besteht.

Machen wir einen kleinen Test:
Malen Sie sich etwas Unangenehmes aus, das in Zukunft passieren könnte. Denken Sie an Ihre Stressliste und stellen Sie sich vor, dass es schlimmer wird. Lassen Sie Ihre Fantasie spielen. Wenn Sie intensiv genug in Ihr Negativszenario eintauchen, wird sich Ihre Stimmung unmittelbar verschlechtern. Mit ein wenig Nachdruck erleben Sie Stress, Nervosität, Unsicherheit, Wut, Angst oder sogar Panik.

Sie wollen sich gedanklich nicht stressen? Verständlich. Es ist aber das, was wir unbewusst sehr oft tun. Wir haben gelernt, dass das Leben unsicher, unberechenbar und gefährlich ist. Wir denken, wir müssen auf der Hut sein bzw. alles im Griff haben, kontrollieren und planen. Wir glauben, für unser Glück sorgen zu müssen. Wir meinen, etwas leisten und uns anstrengen zu müssen, um Geld, Liebe und Anerkennung zu verdienen. Es reicht nicht, einfach zu *sein*.

Das unbewusste Denkprogramm lautet: Kämpfen, um Erwünschtes zu erreichen. Kämpfen, um Unerwünschtes zu verhindern oder loszuwerden. Kämpfen gegen sich selbst – gegen seine eigenen Schwächen, Fehler, Unzulänglichkeiten und schlechten Gewohnheiten. So sind wir im Kopf damit beschäftigt, Bedrohungen, Gefahren und Probleme zu bewältigen, die es in Wirklichkeit gar nicht gibt. Oder die zumindest garantiert nicht *lebensbedrohlich* sind.

Fühlen wir uns bedroht, aus welchem Grund auch immer, unterscheiden sich unsere Reaktionsmechanismen nur unwesentlich von denen unserer Vorfahren. Nachdem wir zivilisiert sind, stürzen wir uns nicht unbedingt in einen körperlichen Kampf mit einem Kollegen, sondern greifen ihn beispielsweise verbal an oder reden hinter seinem Rücken schlecht über ihn. Wir ergreifen vor unserem Partner nicht (gleich) die Flucht, wenn er herumnörgelt, sondern verweigern nur den Blickkontakt, verfallen in stundenlanges Schweigen oder versuchen, ihn subtil zu manipulieren. Oder wir fühlen uns wie gelähmt, wenn uns jemand kritisiert oder wir uns ungerecht behandelt fühlen, und schlagen zurück oder brechen die Beziehung ab, sobald wir aus der „Totenstarre“ wieder erwachen.

In einer lebensbedrohlichen Situation ist eine Stressreaktion absolut sinnvoll. Bei unseren täglichen Herausforderungen sind Kampf, Flucht oder Sich-tot-Stellen allerdings suboptimale Reaktionen. Was dem Überleben dienlich ist, fördert weder das freudvolle Erleben noch das harmonische Miteinander. Stress ist immer mit Angst verbunden. Und Angst ist im Alltag kein guter Handlungsmotor. Niemand verhält sich besser, produktiver und liebevoller mit der Bedrohung eines Säbelzahntigers im Rücken. Auch nicht, wenn das Monster nur im eigenen Kopf wütet. Unter dem Einfluss von Angst haben wir keinen Zugriff auf unser volles Potenzial. Das sind dann die Situationen im Leben, in denen wir uns anders verhalten, als wir uns eigentlich verhalten wollen oder normalerweise verhalten würden. Vielleicht sogar Dinge sagen oder tun, die wir später bereuen und am liebsten rückgängig machen würden.

Ein paar Beispiele aus der Coaching-Praxis:
Ein frisch beförderter Manager steht in seiner neuen Position so unter Stress, dass der bisher ausgeglichene Mann seine Mitarbeiter regelmäßig anbrüllt und trotz gesteigertem Arbeitseinsatz schlechter performt als je zuvor. Er erkennt sich selbst nicht wieder.

Eine hochqualifizierte Führungskraft bringt mit ihrem Team eine beachtliche Leistung. In Meetings mit dem Top-Management verwandelt sich die sonst sehr eloquente Dame wie durch einen ominösen Zauberfluch in eine graue Maus.

Ein Hobby-Golfer spielt auf der Driving Range (im Übungsbereich) und in Trainingsrunden beeindruckend. Kaum ist er auf einem Turnier, um sein Handicap zu verbessern, läuft alles schief. Luftschläge, Grashacker, zu lange oder zu kurze Putts. Nichts geht mehr so wie sonst.

Eine junge Frau mit einer wunderbaren Stimme singt am liebsten im Auto und – Achtung Klischee – unter der Dusche. Ein einziges Mal wagte sie sich für eine Aufführung auf die Bühne und brachte vor all den Menschen keinen Ton mehr heraus. „Nie wieder singe ich vor Publikum“, schwor sie sich.

Ein Bub kann zu Hause alle Prüfungsfragen locker beantworten. Doch bei der Prüfung selbst scheint wie durch einen Virenangriff alles von seiner Festplatte gelöscht worden zu sein. Er hat vergessen, was er eigentlich weiß.

Eine berufstätige Mutter hat in der Arbeit viel um die Ohren und die letzten Nächte schlecht geschlafen. Beim Abendessen wirft ihre kleine Tochter ein Glas Apfelsaft um und sie flippt aus. Nachher plagt sie ein schlechtes Gewissen.

Wir alle kennen solche und ähnliche Geschichten und haben darin oft genug die Hauptrolle gespielt. Aufgrund von Stress und Angst hatten wir keinen Zugriff auf unser Wissen, auf unsere Fähigkeiten, auf unsere Möglichkeiten. Dabei wissen wir, es steckt so viel mehr in uns und wir können mit Leichtigkeit besser sein. Und hier kommt der Flow ins Spiel.

Versprich mir, dich immer daran zu erinnern:
Du bist mutiger, als du glaubst, stärker, als du zu sein scheinst,
und klüger, als du denkst.

Winnie Puuh

Wenn alles einfach fließt

Neurobiologisch betrachtet ist Flow ein Zustand entspannter Wachheit und hoher Leistungsfähigkeit. Die Momente oder längeren Phasen im Leben, in denen es einfach fließt. Ihnen alles leicht von der Hand geht. Ihr Kopf ruhig und klar ist – von Stresserleben keine Spur. Statt aus Angst, Druck und Sorge zu handeln, handeln Sie inspiriert, souverän und sicher. Sie wissen ganz einfach, was als Nächstes zu tun ist. Ohne lange nachdenken zu müssen.

Sportler, Musiker oder Künstler nennen diesen Zustand auch *die Zone*. Es ist der Modus, in dem sie über sich selbst hinauswachsen und ihr Bestes geben können. Und zwar mit gefühlter Leichtigkeit. Spitzenperformer, sei es im Sport, in der Wirtschaft oder in der Politik, brauchen diesen Zustand, denn nur wenn sie im Flow sind, haben sie Zugriff auf ihr volles Potenzial und können ihre Bestleistung bringen. Dann fließt eine Handlung in die andere. Ein Schritt folgt dem anderen. Alles läuft harmonisch und mühelos ab. Reibungslos. Im Flow eben.

Laut einer langjährigen Studie von McKinsey sind Top-Manager fünfmal produktiver und bis zu siebenmal Mal kreativer, wenn sie im Flow sind. Das sind 500 % mehr Produktivität und bis zu 700 % mehr Kreativität. Jene, die regelmäßig im Flow sind, sind noch dazu am glücklichsten.

Gleichgültig, ob Sie irgendwo an der Spitze stehen oder nicht, es ist auch für Sie der optimale Bewusstseinszustand.

> Im Flow sind Sie in Ihrer Mitte – in Ihrer Alpha-Zone.

Egal, ob es darum geht, verzwickte Probleme zu lösen, wichtige Entscheidungen zu fällen, kreative Ideen aus dem Ärmel zu schütteln, Ihre persönliche Bestleistung zu bringen, Ihre To-do-Liste zu schrumpfen, andere Menschen erfolgreich zu managen, in einem Team zusammenzuarbeiten, Misserfolge zu verdauen, den Haushalt zu schupfen, glückliche Beziehungen zu führen oder einfach eine schöne Zeit zu haben und Ihr Leben zu genießen:

Alles – ALLES (!) – ist leichter, wenn Sie im Flow sind.

Im Flow sind Sie:

- klar und ruhig im Kopf – frei von unnötigen und störenden Gedanken.
- wach, gegenwärtig und präsent.
- innerlich zentriert und gelassen, gleichzeitig energiegeladen und aktionsbereit.
- verbunden mit einer höheren Intelligenz und Ihrer inneren Weisheit – und haben Zugriff auf ein unendliches kreatives Potenzial.
- inspiriert und wissen, *was* Sie tun und *wie* Sie etwas tun müssen.

> Im Flow ist die beste Version Ihrer selbst am Werk und was dabei herauskommt, ist für gewöhnlich großartig.

Zur Veranschaulichung ein paar O-Töne, wie Menschen Flow beschreiben:

„Ich habe einfach das Gefühl, zur richtigen Zeit, am richtigen Ort zu sein und das Richtige zu tun."

„Ich fühle mich wie an eine unerschöpfliche Quelle angeschlossen."

„In diesem Zustand bin ich, trotz hoher Anforderungen und wenig Zeit, entspannt und voller Vertrauen in das, was ich tue oder vorhabe. Ich weiß, dass ich alles schaffe."

„Die Ideen fließen, ich muss nicht nachdenken – sie tauchen einfach in meinem Kopf auf."

„Ich bin voll präsent und konzentriert auf den gegenwärtigen Moment."

„Das sind die Tage, an denen ich am Abend nach Hause komme und total zufrieden bin, weil ich echt Fortschritte gemacht habe."

Jeder Mensch mag diesen Zustand ein wenig anders empfinden und beschreiben. Leichtigkeit, Mühelosigkeit, Präsenz, innere Sicherheit, Vertrauen, Klarheit, Verbundenheit, Selbstvergessenheit, Zeitlosigkeit und das Gefühl, ganz in etwas aufzugehen, Zufriedenheit, Glückseligkeit – dieses Sammelsurium an Empfindungen wird damit in Zusammenhang gebracht. Einig sind sich alle: Im Flow zu sein fühlt sich unbeschreiblich gut an.

Dank der Neurowissenschaft wissen wir, dass im Flow ein Cocktail aus körpereigenen Glückshormonen und Neurotransmittern ausgeschüttet wird. Mal ist dieser Cocktail intensiver (im tiefen Flow-Zustand) – und mal weniger (im „Mikro-Flow"). Diese Neurochemikalien sorgen jedenfalls dafür, dass wir leistungsfähiger und glücklicher sind. Unsere soziale

Handlungsfähigkeit verbessert sich, Verbindungen werden enger und der Zusammenhalt mit anderen Menschen wird gestärkt. Beziehungen – sowohl privat als beruflich – laufen wesentlich harmonischer und erfolgreicher. Was uns in diesem Zustand erspart bleibt, ist Stress. Flow ist das Gegenteil von Stress. Mit anderen Worten:

Je öfter Sie im Flow sind, desto weniger Stress erleben Sie.

Schätzen Sie:
Von 0 bis 100, wie viel Prozent Ihrer Zeit sind Sie im Flow?

Egal, wie viel Prozent Sie hier spontan angeben, Sie kennen den Unterschied zwischen den guten und den, sagen wir mal, weniger optimalen Zeiten. Zu Ihrer Beruhigung: Es gehört zum Menschsein dazu, immer wieder aus dem Flow zu kommen. Wir sollten nur keinen Vollzeitjob daraus machen, neben der Spur zu sein oder gegen den Strom zu rudern, sonst ist das Leben anstrengend.

Stress. Frustration. Widerstand. Druck. Kampf. Krampf. Stagnation. Das alles sind Zeichen, vom Flow abgeschnitten zu sein. Und doch sind Sie davon niemals weit entfernt.

Was vor uns liegt und was hinter uns liegt,
ist nichts im Vergleich zu dem, was in uns liegt.
Und wenn wir das, was in uns liegt, nach außen
in die Welt tragen, geschehen Wunder.

Henry David Thoreau

Ihre Werkseinstellung

Selten sind sich alle Menschen einig, was sie wollen. Doch bisher ist mir noch niemand begegnet, der lieber im Stress ist als im Flow. Der Wunsch, glücklich zu sein, steckt in uns allen. Gemeint ist nicht das kurzfristige, oberflächliche Glück, sondern das tiefergehende Gefühl, mit sich und der Welt im Einklang zu sein. Wie auch immer dieses Gefühl umschrieben wird, jeder will es haben. Und wenn ich irgendwo als Stressexpertin auftrete und über den magischen Flow rede, kommt in Windeseile die Frage auf: Wie kann ich öfter im Flow sein?

Mihály Csíkszentmihályi, der Vater des Begriffs und einer der bekanntesten Wissenschaftler auf diesem Gebiet, beschreibt den Flow als einen Zustand völliger Konzentration und des Aufgehens in einer Tätigkeit.

Ein Bergsteiger kommt beispielsweise in den Flow, wenn er in schwindelerregender Höhe den Fels entlang klettert und sich jedes Schrittes bewusst ist, weil kein Raum für Fehler bleibt. Oder ein Künstler, wenn er von der Muse geküsst wird und in einen glückseligen Schaffensrausch verfällt. Ein Schriftsteller, wenn er sich so in seine Geschichte vertieft, dass die Worte wie von Zauberhand auf die Seite fließen.

Vielleicht erleben Sie diesen Zustand, wenn Sie Musik hören, kochen, einen schönen Sonnenuntergang sehen, eine knifflige Aufgabe lösen, joggen, Yoga praktizieren, meditieren, Sex haben, im Garten arbeiten oder ein bedeutungsvolles Gespräch mit einem Freund führen. Im Flow sind Sie, wenn Sie so vertieft in eine Sache sind, dass Sie dabei die Zeit und sich selbst vergessen. Und vollkommen präsent sind im Moment.

Jeder Mensch kennt diesen Zustand. Für viele ist es allerdings ein (eher seltenes) Zufallsprodukt. Ein Wow-Erlebnis, das nur unter bestimmen Gegebenheiten auftritt.

Recherchiert man ein wenig zu dem Thema, stößt man tatsächlich auf bestimmte Bedingungen für ein Flow-Erleben. Flow scheint ein Ziel-Zustand zu sein, von dem Sie in diesem Augenblick mehr oder weniger weit entfernt sind. Sie müssen zuerst etwas tun, um dort hinzukommen – Voraussetzungen schaffen, bestimmte Strategien, Methoden, Tipps anwenden oder speziellen Aktivitäten nachgehen. Das stimmt so nicht ganz und dieser Glaube führt leicht in die Irre. Sagen wir so: Ja, es gibt Voraussetzungen und Rahmenbedingungen, die es leichter machen, im Flow zu sein. Aber wenn Sie danach suchen, übersehen Sie die Wahrheit. Die Wahrheit, die wirklich zählt. Die Wahrheit, die ich selbst viele Jahre übersah:

> Flow ist Ihre Werkseinstellung. Ihr Naturzustand.

Flow ist der allem zugrunde liegende, fundamentale, natürliche Zustand, in dem wir existieren. Sie brauchen keine bestimmten Voraussetzungen oder Rahmenbedingungen und müssen NICHTS dafür TUN, weil Sie das SIND. Immer waren. Immer sein werden. Sie sind von Natur aus mit Wohlsein, innerem

Frieden und innerer Weisheit ausgestattet. Nichts, was in Ihrer Vergangenheit war, nichts, was sich jetzt in Ihrem Leben abspielt, und nichts, was in Zukunft sein wird, kann etwas daran ändern. Diesen natürlichen Zustand kann Ihnen nichts und niemand nehmen. Ein Teil von Ihnen ist immer vollkommen heil, präsent und im Flow. Das bedeutet auch, Sie können im Hier und Jetzt stressbefreit sein, weil ein Teil von Ihnen *niemals* gestresst ist, keine Angst hat und keine Sorgen kennt.

Lesen Sie bitte den letzten Absatz noch einmal. Selbst, wenn Sie mir jetzt kein Wort davon glauben und Ihr Verstand heftig widerspricht, ist es das Wichtigste, was in diesem ganzen Buch steht. Und Sie sind garantiert keine Ausnahme, wenn Sie Ihr immerwährendes Flow-Selbst nicht oder oft nicht spüren. Das bedeutet keineswegs, dass Sie verkehrt, geschädigt, gestört oder irgendwie nicht in Ordnung sind. Es liegt lediglich daran, dass Sie eine menschliche Erfahrung machen und sich in diesem Spiel verlieren. Unabhängig davon wohnen ein angeborenes Wohlsein, eine unerschütterliche Ruhe und eine tiefe Weisheit in Ihnen, die dabei niemals auf dem Spiel stehen.

> Flow ist ein Zustand des SEINS. Ein Zustand, der augenblicklich erlebbar ist, wenn der Geist klar ist.

Bitte werfen Sie kurz einen Blick in den Himmel! Das meine ich wörtlich – schauen Sie hinauf. Was sehen Sie? Scheint die Sonne oder ist der Himmel wolkenverhangen? Selbst, wenn gerade alles grau in grau ist, wissen Sie, die Sonne ist hinter und über den Wolken immer da. Sobald sich die Wolken lichten, kommt sie zum Vorschein. Genauso ist unser Flow-Selbst stets präsent. Sobald unser Bewusstsein aufklart, ist Flow da.

Etwas wissenschaftlicher ausgedrückt: Verlangsamen sich die Gehirnströme vom Beta- in den Alpha- oder noch tieferen Theta-Zustand, erleben wir den Flow. Die biologische Signatur in unserem Gehirn verändert sich – die Aktivitäten in der frontalen Hirnrinde nehmen ab – und der innere Dialog, die Stimme in unserem Kopf, wird ruhiger. Wir hören mit der „neurotischen Denkerei" auf. Wir denken weniger und *sind* mehr.

Der Flow-Zustand ist also hier und jetzt da, nur ist er im Alltagsbewusstsein die meiste Zeit überlagert von dem Geplapper in unserem Kopf. „Monkey-Mind" nennen Yogis die ständigen, unkontrollierten und unsteten Aktivitäten in unserem Oberstübchen, die uns von der Wirklichkeit ablenken. Irgendwie haben wir gelernt, in unserem Kopf ein zweites Leben zu führen, uns in unseren Gedankenwolken zu verstricken und zu leben, ohne wirklich wach und präsent zu sein. Dabei übersehen wir, wie viel Flow, wie viel Weisheit, Glückseligkeit und Frieden in uns selbst, in allem und in jedem Augenblick vorhanden ist. Nie mehr als einen Gedanken entfernt.

Üblicherweise mischt sich an dieser Stelle der Verstand sofort wieder ein. Vielleicht sucht er in rasender Geschwindigkeit nach Gründen, warum das nicht wahr sein kann, und rekapituliert alle Situationen Ihres Lebens, in denen Sie vom Flow so weit weg waren wie die Erde vom Mars. Vielleicht tauchen Fragen auf – wie etwa: „Wenn Flow meine Werkseinstellung ist, warum bin ich dann oft unglücklich und gestresst?" Oder: „Warum denke ich so viel und wie höre ich damit auf?" Vielleicht sprudeln Ideen in Ihrem Kopf wie: „Ich muss meine Gedanken zur Ruhe bringen, mehr meditieren, für mehr Entspannung sorgen, Yoga praktizieren, meine Vergangenheit aufarbeiten etc."

Schon dreht sich das Gedankenkarussell und die Wahrheit wird überlagert. Das bringt Sie nicht weiter. Oder zumindest nicht dorthin, wo ich mit Ihnen hinwill. In erster Linie möchte ich Sie *ent*-täuschen; Ihnen helfen, Täuschungen zu durchschauen. Auf diese Weise beruhigt sich der Kopf von alleine. Sie müssen dafür nichts tun, sondern nur etwas SEHEN und ERKENNEN bzw. sich an etwas ERINNERN.

Wenn wir beginnen zu durchschauen, dass uns unsere Wahrnehmung täuscht, kann die Wahrheit mehr und mehr ans Licht kommen.

In der Schule haben wir gelernt, dass die Erde ein Ellipsoid ist. Eine eingedellte Kugel, die mit hoher Geschwindigkeit durch das All rast und sich dabei nicht nur um die Sonne, sondern auch noch um die eigene Achse dreht. Es erstaunt mich aber keineswegs, dass die Menschen in Frühkulturen dachten, die Erde wäre eine Scheibe, und dass bis ins 16. Jahrhundert alle der Meinung waren, die Sonne und die restlichen Planeten würden sich um die Erde drehen. Als Kopernikus erstmals das heliozentrische Weltbild beschrieb, wurde es lediglich für ein Hirngespinst gehalten, weil es dem gesunden Menschenverstand widerspricht. Aus meiner üblichen, menschlichen Perspektive sieht die Erde mehr oder weniger flach aus und ich könnte schwören zu sehen, wie die Sonne im Osten auf- und im Westen untergeht. Ich weiß, dass das kein persönlicher Fehler von mir ist und der Fehler liegt auch nicht in meinem Denken. Weder positives Denken noch regelmäßige Affirmationen[3] wie „Die Erde ist eine eingedellte Kugel. Die Erde ist eine eingedellte Kugel …“ werden etwas daran ändern, dass mir die Erde flach erscheint. Der Trugschluss hat mit meiner menschlichen Wahrnehmung zu tun und damit, dass mich meine Sinne täuschen – und Ihre täuschen Sie auch. Genauer gesagt ist unsere Sinneswahrnehmung sehr eingeschränkt und die Schlüsse, die wir aus den begrenzten Sinneseindrücken ziehen, obendrein oft falsch.

Noch ein paar Beispiele gefällig? Ich hatte viele Jahre einen Hund namens Emily. Sie roch selbst nicht immer einwandfrei, hatte aber einen wesentlich besseren Geruchssinn als ich. Sie konnte sich die Welt erschnüffeln. Obwohl Emily nicht immer auf mich hörte, hörte sie mehr als ich. Ihre Hundepfeife war für meine Ohren beispielsweise nicht wahrnehmbar. Dafür sehe ich Farben. Ich könnte wetten, dass der Himmel blau ist, wenn keine Wolken davor sind. Tatsächlich ist die Farbe nur eine Folge der Streuung des Sonnenlichts an den Molekülen der Erdatmosphäre. So, wie jede Farbe, die ein Gegenstand scheinbar hat, lediglich mit den Lichtwellen zusammenhängt, die er absorbiert bzw. reflektiert. Das muss mal einer durchschauen. Auch auf meinen Tastsinn ist nicht immer Verlass. Wenn Sie mich zum Beispiel am Oberarm an zwei Punkten berühren, die relativ nahe beieinander liegen, nehme ich nur eine Berührung wahr. Was die Erde betrifft, fehlt ebenfalls der nötige Abstand, um das ganze Bild zu erfassen. Diese und viele weitere Einschränkungen und Täuschungen haben ihren Ursprung in der „Hardware" des Menschen.

Warum ich Ihnen das erzähle? Wir täuschen uns auch, wenn es darum geht, wo Stress herkommt. Mehr noch, wir täuschen uns darin, wer wir sind, wie wir die Welt erleben und wie unsere persönlichen Erfahrungen entstehen.

In der Yoga-Philosophie, in der Lehre des Advaita Vedanta und im Buddhismus ist die Rede von Maya. Maya bedeutet wörtlich „Illusion, Schein, Trug". Gemeint ist, dass die Welt, so wie wir sie wahrnehmen, nicht die letztendliche Wirklichkeit ist, sondern eben nur ein Trugschluss. Oberflächlich betrachtet sehen wir die materielle, erfahrbare, veränderliche Welt, in der wir gemeinsam leben. Diese Welt halten wir unschuldigerweise für real, was sie im höchsten Sinne nicht ist. Hinter allem und in allem finden wir die absolute Ebene, die ewig und unveränderlich ist – den Urgrund allen Seins. Doch das Wesentliche ist für das Auge unsichtbar.

Damit das Ganze Hand und Fuß bekommt und Sie erkennen, welche Relevanz das für Ihr Leben, Ihren Stress und Ihre naturgegebene Werkseinstellung hat, entführe ich Sie im nächsten Kapitel in verschiedene Bewusstseinswelten.

Vier Bewusstseinswelten

Durch Zufall fiel mir eines Tages ein Buch von Dr. Serge Kahili King[4] in die Hände. Er beschrieb darin die vier Bewusstseinswelten der Schamanen und wie sich mit dem Wissen um diese unterschiedlichen Wahrnehmungsebenen die Wirklichkeit erklären und verändern lässt. Ich war fasziniert von dieser Sichtweise und schlagartig wurde mir vieles klar.

Sie wissen, dass Sie im Weltall schweben könnten. Auf der Erde sorgt hingegen die Schwerkraft dafür, dass Sie am Boden bleiben. Je nachdem, in welcher Sphäre Sie sich aufhalten, gelten verschiedene Gesetze und Prinzipien. Ähnliches gilt für Ihr Erleben im Hier und Jetzt. Je nachdem in welcher „Bewusstseinssphäre" Sie sich befinden, werden Sie vollkommen unterschiedliche Erfahrungen machen. Mehr, weniger oder gar keinen Stress erleben.

So wollen wir jetzt verschiedene Bewusstseinswelten besuchen und uns anschauen, welche Grundprinzipien dort wirken. Die Schamanen mögen mir verzeihen, ich habe das Modell von King abgewandelt, um Ihnen vier Möglichkeiten zu zeigen, wie Sie die Welt wahrnehmen und die Realität erfahren können.

Ich weiß nicht, ob es besser wird, wenn es anders wird.
Aber es muss anders werden, wenn es besser werden soll.
GEORG CHRISTOPH LICHTENBERG

Die objektive Realitätswahrnehmung

Beginnen wir mit der ersten Bewusstseinsebene, der objektiven Wirklichkeitssicht. Wenn wir uns diese Bewusstseinsreise wie einen Glas-Panoramaaufzug in höhere Gefilde vorstellen, befinden wir uns im Erdgeschoss.

Hören Sie bitte kurz auf zu lesen und nehmen Sie Ihre Umgebung wahr. Schauen Sie sich um, wo auch immer Sie gerade sind. Was nehmen Sie wahr? Vielleicht sehen Sie ein paar Möbel, den Fußboden, die Zimmerdecke, den Himmel oder andere Menschen. Vielleicht hören Sie den Straßenverkehr, Vogelgezwitscher, Stimmengewirr oder Musik im Hintergrund. Vielleicht spüren Sie einen sanften Windhauch oder das Gewand, das Ihre Haut berührt. Vielleicht riechen Sie den Duft von Kaffee oder den Hauch eines Parfums.

Vor meinem Fenster krächzt gerade lauthals ein Rabe. Ich muss ein wenig suchen, um seine schwarze Gestalt im goldgelb leuchtenden Ginkgobaum zu entdecken. Aber da sitzt er. Ganz eindeutig.

Was auch immer Sie jetzt mit Ihren Sinnen entdecken, Sie erleben eine Welt, die unabhängig von Ihnen zu existieren scheint. Sie haben den Eindruck, dass Ihr Kopf die Außenwelt objektiv erfasst – wie eine Kamera, die wahr- und aufnimmt, was ist. Höchstwahrscheinlich haben Sie keinerlei Zweifel, dass das, was Sie wahrnehmen, wirklich da und real ist. Auch ohne Sie. Außerdem zweifeln Sie vermutlich auch nicht daran, dass die Dinge tatsächlich so sind, wie Sie zu sein scheinen.

Der Grundgedanke, um die Welt auf diese Weise wahrnehmen zu können, lautet: Alles ist getrennt.

Es ist die Idee, dass die Welt *da draußen* unabhängig von uns selbst existiert. Nehmen wir an, wir zwei treffen uns auf der Straße. Uns beiden wäre vollkommen klar, dass wir zwei getrennte Wesen sind; Sie stecken in Ihrem Körper, ich in meinem. Sie wissen, wer Sie sind und ich weiß, wer ich bin. Es bestünde keine Verwechslungsgefahr. Und Ihre Existenz scheint eindeutig unabhängig von meiner zu sein.

In der objektiven Welt gilt außerdem die Annahme, dass alles einen Anfang und ein Ende hat. Und jede Wirkung eine Ursache. Ihr Leben endet beispielsweise mit Ihrem Tod – Ihre Existenz hat ein Ablaufdatum. Falls Sie heute unglücklich sind, kann das an einem Trauma liegen, das Sie in Ihrer Kindheit erlitten haben. Um zu heilen, müssen Sie diese Erfahrung aufarbeiten. Und meine Worte in diesem Buch können Sie erleichtern, bewegen, berühren, ärgern oder beleidigen – jedenfalls etwas in Ihnen bewirken.

Während Sie das Gefühl haben, von allem getrennt zu sein, hängt Ihr Wohlbefinden auf dieser Bewusstseinsebene von äußeren Umständen ab. Was in Ihrem Leben geschieht oder nicht geschieht, was Sie haben oder nicht haben, was andere Menschen tun oder lassen, sagen oder nicht sagen, bestimmt, wie Sie sich innerlich fühlen.

Halten Sie für einen Moment inne und erinnern Sie sich daran, wann Sie sich das letzte Mal über jemanden geärgert haben, wann Sie wegen etwas traurig waren oder sich über etwas gefreut haben. Wer oder was hat Sie in letzter Zeit glücklich gemacht, und wer oder was unglücklich? Wer oder was hat Sie das letzte Mal gestresst?

Säßen wir bei einem Kaffee zusammen, könnten Sie mir jetzt ein paar Geschichten erzählen. Erzählen, was in der Außenwelt passiert ist, das dazu geführt hat, dass Sie sich innerlich so gefühlt haben. Ich hätte zweifellos ein paar solcher Geschichten im Ärmel. Zum Beispiel, dass mich der krächzende Rabe vor meinem Fenster nervt.

In diesem Buch geht es nicht darum, ob die objektive Wirklichkeitssicht richtig oder falsch, gut oder schlecht ist. Es ist eine Spielvariante, die Realität wahrzunehmen. Unsere persönliche Wahrnehmung ist letztlich niemals objektiv, wir glauben das aber oft. Der Gedanke, dass alles getrennt ist, ermöglicht uns überhaupt erst, die ganze Bandbreite aller menschlichen Erfahrungen zu machen. Wir sind geboren, um in dieser sinnlich erfahrbaren, objektiven Welt zu leben. Doch den Himmel auf Erden finden wir hier nicht. Wer nur in dieser Bewusstseinsebene zu Hause ist, wird erstens andere Wirklichkeiten übersehen. Zweitens wird das Leben stressig sein – hart, einsam, frustrierend und in irgendeiner Form ein ständiger Kampf. Den Zusammenhang zum Stresserleben schauen wir uns später noch ausführlich an.

Fakt ist: Die objektive Wirklichkeitssicht, so real sie auch zu sein scheint, ist nur *eine* Möglichkeit, die Realität wahrzunehmen und zu erfahren.

Sei du selbst die Veränderung,
die du dir wünschst für diese Welt.
Mahatma Gandhi

Die subjektive Realitätswahrnehmung

Reisen wir mit dem Glas-Panoramaaufzug ein paar Etagen aufwärts, landen wir auf der subjektiven Bewusstseinsebene. Hier haben Sie immer noch den Eindruck, wahrzunehmen, was ist. Allerdings sind Sie sich mehr oder weniger darüber im Klaren, dass Ihr Erleben subjektiv gefärbt ist. Ihr Kopf ist wie eine Kamera, die alles immer nur aus einer bestimmten Perspektive wahrnimmt und einen Filter hat. Was Sie erleben, ist nicht objektiv, sondern subjektiv wahr und abhängig von der „Wahrnehmungsbrille", die Sie gerade tragen.

Technischer ausgedrückt: Die subjektive Realität ist ein Konstrukt Ihres Gehirns und Nervensystems. Sie erfahren nicht, was wirklich ist, sondern filtern und interpretieren die Wirklichkeit. Ich mache das auch. Nur Sie machen es auf Ihre Weise, und ich auf meine. Daher schaut meine Realität anders aus als Ihre, selbst dann, wenn wir am selben Ort und in derselben Situation sind.

> Der Grundgedanke dieser Bewusstseinsebene lautet: Alles ist miteinander verbunden.

Aus der subjektiven Sicht sind die Dinge nicht länger getrennt und unabhängig voneinander, sondern stehen in Wechselwirkung. Alles hängt zusammen und voneinander ab. Alles beeinflusst sich gegenseitig. Alles ist Teil eines Kreislaufs.

Treffen wir zwei uns auf der Straße, ist auch auf dieser Bewusstseinsebene klar, dass wir zwei getrennte Wesen sind. Doch wie ich Sie erlebe, hängt davon ab, was ich denke, wie ich mich fühle und worauf ich meine Aufmerksamkeit richte. Sie tragen Ihre Wahrnehmungsbrille und ich trage meine. Möglicherweise erinnern Sie mich an jemanden, mit dem ich schlechte Erfahrungen gemacht habe und alter Ärger kommt hoch, der mit Ihnen gar nichts zu tun hat. Möglicherweise gehen Sie mit Ihrem Hund spazieren, ich werde in Erinnerung an meine Emily sentimental und finde Sie gleich sympathisch, weil Sie einen Hund haben. Möglicherweise rieche ich nach Rosenöl, und weil Sie das an Ihre Oma erinnert, schließen sie mich gleich in Ihr Herz.

Auf dieser Bewusstseinsebene haben andere Menschen, Situationen und Gegebenheiten noch immer einen Einfluss darauf, wie Sie sich fühlen, aber letztlich ist entscheidend, was Sie denken und tun. Jede Geschichte über glückliche und unglückliche Begebenheiten, die Sie mir bei unserem Kaffeeplausch erzählen, entspringt Ihrer subjektiven Wahrnehmung – und die kann sich jederzeit ändern. Wie Sie die Worte in diesem Buch aufnehmen, hängt davon ob, wie Sie das Gesagte interpretieren, und was Ihnen durch den Kopf geht. Die Buchstaben allein haben keinen Effekt. Je nachdem, wie Sie über ein Trauma aus Ihrer Kindheit denken, hat es heute noch eine Wirkung oder keine. Ob mich der krächzende Rabe vor meinem Fenster beim Schreiben stört oder nicht, hängt von mir und meiner Stimmung ab. Ich kenne den Burschen schon und manchmal nervt er mich und manchmal auch nicht.

Sobald sich unsere Denkweise verändert, erhalten wir eine neue Sicht auf die Dinge.

Unter der Annahme, dass alles miteinander verbunden ist, ist vieles nachvollziehbar, was aus objektiver Sicht unwissenschaftlicher Humbug ist. Wenn alles in wechselseitiger Abhängigkeit steht, kann beispielsweise der Mond einen Einfluss auf uns Menschen haben, obwohl er 384.000 km von der Erde entfernt ist. Subjektive Wissenschaften und alternative Heilmethoden wie Astrologie, Homöopathie, Akupunktur, Akupressur, Fernheilung oder Energieübertragung können unter dieser Prämisse zweifelsohne sinn- und wirkungsvoll sein. Und der Tod ist nicht länger das Ende, sondern nur ein Übergang in eine andere Form des Seins.

Noch ein kurzer Ausflug in die Physik: Die sogenannte klassische Physik fußt auf dem objektiven Weltbild und untersucht die feste Materie und ihre Gesetzmäßigkeiten. Die Welt wird als vom Menschen getrennt betrachtet. Raum und Zeit sind unveränderliche Größen. Dann kam Einstein. Mit seiner Relativitätstheorie waren Zeit und Raum plötzlich nicht mehr konstant. Zeit konnte sich verkürzen oder dehnen. Raum konnte sich krümmen. Seither wurde die Physik durch radikale neue Ansätze und Erkenntnisse erweitert. Die moderne Physik zeigt zwar, dass die Annahmen der klassischen Physik in unserer unmittelbaren Erfahrungswelt näherungsweise richtig sind, aber nicht uneingeschränkt gültig. Viele Fragestellungen der Physik, insbesondere Aufbau und Eigenschaften der Materie, sind nur durch Quantentheorie und Relativitätstheorie erklärbar. Sehr vereinfacht gesagt, gibt es da diese verrückten Quanten. Kleinste Teilchen, die sich an keine Naturgesetze zu halten scheinen und von menschlicher Logik noch nie etwas gehört haben: Sie können sowohl Eigenschaften eines Teilchens als auch einer Welle aufweisen, je nachdem, wer sie beobachtet. Sie können überall und nirgends sein. Sind irgendwie miteinander verschränkt, wissen voneinander und beeinflussen sich wechselseitig – auch wenn sie kilometerweit voneinander entfernt sind.

Allein diese zwei unterschiedlichen Sichtweisen – getrennt oder miteinander verbunden – erklären viele Kontroversen und strittige Standpunkte. Was aus einer Perspektive sinnvoll, stimmig und logisch erscheint, ist aus der jeweils anderen betrachtet oft unsinnig.

Wer recht hat oder nicht, ist für unseren Zweck unwichtig. Es geht um ein Bewusstsein, das Ihnen hilft, stressbefreit zu sein. Vielleicht haben Sie schon eine leise Ahnung, wie sich Ihr Stresserleben verändert, je nachdem, in welchem Bewusstseinsstockwerk Sie sich befinden. Aber die Reise geht ja noch weiter.

Das Leben ist ein göttlicher Traum,
der sich innerhalb von Zeit, Raum und Materie abspielt.
Syd Banks

Die schöpferische Realitätswahrnehmung

Fahren wir mit dem Glas-Panoramaaufzug in höhere Etagen, befinden wir uns auf der schöpferischen Ebene. Hier beginnen wir zu durchschauen, wie unser Mind und das „menschliche Betriebssystem" funktionieren und durch das schöpferische Prinzip von Gedanken (im Sinn von Information) unsere Realität kreiert wird.

> Alles entsteht durch das schöpferische Prinzip des Geistes. Alles ist erdacht.

Aus dieser Wirklichkeitssicht ist alles eine Projektion. Ihr Kopf funktioniert nicht wie eine Kamera, sondern wie ein Projektor. Die Realität, die Sie erleben, ist eine Projektion Ihrer Gedanken. Auf dieser Bewusstseinsebene beginnen Sie zu erkennen, dass die Gedanken, die in Ihrem Kopf auftauchen, Ihre Realität erschaffen. Das Leben ist wie ein Traum, den Sie träumen. Da haben wir es wieder: Die Welt der Form ist eine Illusion. Alles Manifeste ist Maya. Alte Weisheitslehren vermitteln dieses Wissen seit Jahrtausenden. Diese Wirklichkeitssicht ist mit unserem menschlichen Verstand und unseren fünf Sinnen allerdings beim besten Willen nicht leicht zu durchschauen, scheint da draußen doch alles so real und unabhängig von uns selbst zu existieren. Scheint es doch oft so eindeutig zu sein, dass äußere Umstände unser Erleben verursachen und bestimmen.

Einstein brachte dieses Paradoxon auf den Punkt:

> Die Realität ist eine Illusion, allerdings eine sehr hartnäckige.

Ziehen wir ähnliche Beispiele heran, um dieses schöpferische Prinzip verständlicher zu machen. Am naheliegendsten ist wohl der Vergleich mit einem nächtlichen Traum. Wenn Sie träumen, erleben Sie das Geschehen als real. In Ihrer Traumwelt tauchen andere Menschen und Objekte auf, und Ihr „Traum-Ich" macht unterschiedlichste Erfahrungen, während Sie in Wahrheit nur in Ihrem Bett liegen. Sie träumen nur; und nur *Sie* träumen. Sie kreieren den Traum aus Ihrem Inneren heraus und erschaffen so Ihr Traumerleben. Egal, was sich abspielt – was kann Ihnen wirklich passieren? Wenn Ihr Traum endet, stirbt Ihr „Traum-Ich", aber wer ist wirklich gestorben?

Der gute alte Overhead-Projektor ist ebenfalls ein recht anschaulicher Vergleich. Heute kaum noch genutzt, wissen die meisten Menschen noch, wie dieses Gerät funktioniert: Auf den Projektor werden transparente Folien mit Worten, Sätzen, Bildern oder Grafiken gelegt und auf eine Leinwand projiziert. Der Inhalt der Folie wird so vergrößert sichtbar. Ändert sich die Folie, ändert sich die Projektion.

Wenn wir dieses Beispiel auf Ihren Kopf oder Ihre Realität übertragen, ist der Projektor Ihr Wahrnehmungsbewusstsein, mit dem Sie als Mensch ausgestattet sind. Die Folien sind bewusste und unbewusste Gedanken. Was Sie auf der Leinwand sehen, ist die Realität, die Sie erleben. Sie erleben im Außen eine Projektion Ihrer Gedanken. Anders ausgedrückt, Sie erleben Ihr Denken.

In diesem Bewusstsein werden ein paar Aussagen verständlich, die Sie vermutlich schon des Öfteren gehört haben: Gedanken werden wahr. Gedanken werden Dinge. Gedanken sind schöpferisch. Mit Ihren Gedanken erschaffen Sie Ihre Realität.

Für den dritten Vergleich schicke ich Sie ins Kino. Sie sitzen als Zuschauer vor einer monumentalen Kinoleinwand und sehen einen 3D-Film. Ohne es richtig zu bemerken, tauchen Sie schon bald vollkommen in das Filmgeschehen ein. Dabei identifizieren Sie sich so mit einer bestimmten Filmfigur, dass Sie eine Weile vergessen, wer und wo Sie wirklich sind. Sie erleben das Schauspiel mit jeder Faser Ihres Seins und durchlaufen alle möglichen Gefühle. Bis der Film zu Ende ist. Oder Sie erinnern sich zwischendurch daran, dass Sie der Zuschauer sind – heil und nicht in Gefahr.

Wenn Sie in Ihrem Leben wieder zum Beobachter werden, wird Ihnen bewusst, dass Sie weit mehr sind, als Sie denken. Langsam dämmert Ihnen, dass Sie der Drehbuchautor sind, der Regisseur, der Kameramann, und nicht zu vergessen, jeder einzelne Schauspieler, der hier mitspielt. Ach du heiliger Bimbam!

Aber zurück zu Ihrem Wohlsein. Aus schöpferischer Wirklichkeitssicht ist eines klar: Ihr Wohlbefinden hängt keineswegs davon ab, was in der Außenwelt passiert. Nicht das Außen bestimmt Ihr Inneres, nicht die Realität bestimmt, wie es Ihnen geht. Ihre Wirklichkeit entsteht von innen nach außen. Durch das schöpferische Prinzip des Denkens erschaffen Sie Ihre individuelle Erfahrung. Das heißt, Gedanken beeinflussen nicht nur Ihr Erleben, Ihr Erleben wird vielmehr durch das Medium Gedanken kreiert. Sie fühlen Ihr Denken.

Die objektive Wirklichkeitssicht ist leicht nachzuvollziehen. Es ist auch unschwer zu erkennen, dass alles subjektiv gefärbt ist und wir selbst dabei eine große Rolle spielen. Uns ist durchaus bewusst, dass wir denken und dass Gedanken einen Einfluss haben. Nicht so bewusst ist uns, in welchem Ausmaß Gedanken-Information unser Erleben erschafft. Zu durchschauen, dass Sie immer nur Ihr Denken erleben, mag daher ein wenig dauern. Meine Worte weisen nur in diese Richtung. Was Ihnen weiterhilft sind eigene Einsichten, die früher oder später auftauchen, wenn Sie immer wieder in diese Richtung blicken. Es sind Erkenntnisse, die eine signifikante Veränderung in Ihrem Selbstbild und Ihrem Sein in dieser Welt bewirken. Manchmal verändert eine Einsicht schlagartig alles, viel öfter geschieht diese Veränderung im Laufe der Zeit. Falls das für Sie alles noch höchst mysteriös zu sein scheint oder Ihr Verstand revoltiert, ist alles in Ordnung. Lesen Sie einfach in aller Ruhe weiter. Ich zeige hartnäckig und auf vielfältige Weise dorthin, wo Sie Ihre lebensverändernden Aha-Momente und Ihre Stressfreiheit finden können.

Wir sind alle Eins. Alle Dinge sind Ein Ding.
Es gibt nur Ein Ding, und alle Dinge sind Teil des Einen Dings.
NEALE DONALD WALSCH

Die höchste Wirklichkeitssicht

Jetzt reisen wir mit unserem imaginären Glas-Panaromaaufzug ins höchste Stockwerk und gehen auf die Aussichtsplattform. Hier finden wir die Wahrheit.

> Die einzige, allgemeingültige Wahrheit: Alles ist eins.

Was östliche Philosophien wie zum Beispiel der Buddhismus, Hinduismus oder Taoismus seit ewigen Zeiten lehren, bestätigt mittlerweile die moderne Quantenphysik: Alles ist eine Manifestation derselben unteilbaren Wirklichkeit. Alles ist Bewusstsein, universelle Intelligenz, Energie, das Quantenfeld, Gott, die Quelle, schöpferisches Potenzial oder welche Bezeichnung Sie sonst dafür verwenden möchten. Alles ist das Eine, in welcher Form auch immer es sich ausdrückt.

Schauen Sie sich bitte noch einmal um an dem Ort, an dem Sie gerade sind. Was können Sie wahrnehmen? Egal, was es ist, in Wahrheit ist da 99,99 % leerer Raum. Alle festen Objekte, die Sie sehen, sind nur da, weil Sie sie beobachten. Und sie sind nicht annähernd so fest, wie sie erscheinen. Vielmehr bestehen sie aus leerem Raum, der unendlich viele Möglichkeiten enthält. Raum, der voll ist mit Informationen, anhand derer sich die Materie strukturiert. Eine ordnende Kraft, die allem Form und Gestalt gibt.

Wenn es darum geht, die Wahrheit in unserem Leben zu erkennen, haben wir zwei grundsätzliche Probleme:

- Einerseits ist das, was wir sicher sind wahrzunehmen, nicht wirklich wahr. Mit unseren fünf Sinnen erfahren wir zwar unsere materielle Realität, nicht aber die Wirklichkeit.
- Andererseits können wir nichts erfassen oder erfahren, was außerhalb unserer Sinneswahrnehmung existiert. Wenn wir etwas nicht sehen, hören, spüren, riechen oder schmecken, wissen wir nicht mit Sicherheit, dass es tatsächlich da ist.

Das Wesentlichste, die universelle Quelle, ist für uns so unsichtbar wie elektrischer Strom. Wir können zwar wahrnehmen, dass eine Lampe brennt, die Herdplatte heiß und der Kühlschrank eiskalt ist, sehen aber die Kraft, die dahinter wirkt, nicht.

Kein Wunder, dass die meisten Menschen in ihrem täglichen Erleben weit entfernt davon sind, die Einheit in allem zu erkennen und überall das Göttliche zu sehen. So wie die menschliche Wahrnehmung funktioniert, ist es leider wesentlich leichter, sich selbst als getrennt vom Rest der Welt zu empfinden. Das macht die Erfahrung des Menschenseins überhaupt erst möglich, ist aber gleichzeitig die tiefste Ursache aller Probleme. Auf diese Weise fühlen wir uns in dieser Welt *allein* statt *All-eins*.

Apropos allein, kommen wir zu Ihrem „Ich-Gefühl“. Damit wurden Sie nicht geboren. In Ihren ersten Lebenswochen fühlten Sie sich noch völlig eins mit allem. Erst im Laufe der Zeit bekamen Sie eine Vorstellung von sich selbst als eigenständige Person. Zunächst entwickelten Sie ein Gefühl für Ihren Körper und später auch ein Gefühl der Eigenständigkeit. Wenn ich Sie heute auf der Straße treffe und Sie frage, wer Sie sind, hätten Sie mit Sicherheit einige Antworten parat. Mit „Ich“ beschreiben wir fast immer die Person, die einen Namen, einen Körper, ein gewisses Alter, eine persönliche Geschichte, einen Beruf und bestimmte Charaktereigenschaften hat. Dabei ist das, was wir „Ich“ nennen, nicht mehr als eine Anhäufung von Daten, Erinnerungen, übernommenen Überzeugungen und angelernten Verhaltensmustern. Sie könnten sich eine vollkommen neue Identität zulegen und wären doch immer noch Sie. Auch der Körper, der Sie scheinbar ausmacht, verändert sich ununterbrochen. Zwischen zehn und 50 Millionen Körperzellen baut er ständig ab und ersetzt sie wieder. Im Dünndarm oder im Magen überlebt keine Zelle länger als eine Woche. Jeden Monat haben Sie eine neue Haut. Auch Ihre so stabil erscheinenden Knochen sind eine lebenslange Baustelle. Schon in wenigen Sekunden ist Ihr Körper nicht mehr derselbe und in sieben Jahren sind Sie ein neuer Mensch. Doch da ist etwas in Ihnen, das immer da ist – unveränderlich. Ihre wahre Natur.

In Wahrheit sind es lediglich Gedanken, die das Gefühl des Getrennt-Seins verursachen. Ihr Ich-Gefühl existiert nur durch Gedankentätigkeit; dadurch, dass Ihr Verstand trennt, unterscheidet, selektiert, interpretiert, analysiert, beurteilt und bewertet. Das ist der einzige Grund, warum Sie sich als Person separat von allem wahrnehmen. Jenseits des Verstands hört jede Ich-Vorstellung auf. Ohne Gedanken keine Idee einer eigenständigen Persönlichkeit. Ohne Gedanken kein „Ich.“ Es bleibt, was Sie sind, immer waren und was sich nicht verändern kann – durch nichts, was Sie denken oder tun. Stille im Kopf, nur die Erfahrung von Existenz. Ihr wahres Sein ist nicht Ihre Identität, nicht Ihr Denken und nicht Ihr Körper.

Die höchste Wahrheit: Alles ist Bewusstsein. Ihr wahres Sein ist reines Bewusstsein.

Gedanken schaffen die temporäre Illusion der Trennung und ermöglichen einzigartige Lebensgeschichten. Sie sind das formgebende Mittel der universellen Quelle, die in allem wohnt, zum Ausdruck kommt und sich in der Welt selbst erfährt. Mit anderen Worten: Nicht Sie (ihr „kleines Ich") erschaffen Ihre Realität (so wie es auf der schöpferischen Ebene zu sein scheint), die universelle Quelle erschafft diese durch Sie. Von Pierre Teilhard de Chardin stammt die vielzitierte Aussage: „Wir sind keine Menschen, die eine spirituelle Erfahrung machen. Wir sind spirituelle Wesen, die eine menschliche Erfahrung machen." Aus höchster Wirklichkeitssicht muss es jedoch heißen: Wir sind *ein* universelles Bewusstsein, das zurzeit ca. 7,7 Milliarden menschliche Erfahrungen macht. Faszinierend, oder?

Im höchsten Bewusstsein ist Ihr Wohlsein vollkommen unabhängig von äußeren Umständen und vorübergehenden Emotionen. Wohlsein ist Ihr Naturzustand. Ihre Werkseinstellung. Wir haben schon darüber gesprochen: Da ist etwas in Ihnen, das IMMER vollkommen heil, gesund, wohlauf, stressfrei, in Frieden und präsent ist. Ich nenne diesen Teil – oder besser Ihre wahre Natur – gerne Flow-Selbst, wie Sie schon bemerkt haben.

In der tiefsten Wahrheit können Sie sich total entspannen. Ihr Seelenheil ist nicht das Ergebnis von irgendeinem Tun oder bewussten Nicht-Tun. Es gibt nichts zu erreichen. Alles ist schon da. Egal, was Sie denken oder tun. Egal, was ist. Hier gibt es kein „Ich muss es richtig machen". Es war nie irgendetwas falsch und es wird nie irgendetwas falsch sein. Nichts kann schiefgehen. Sie haben in diesem göttlichen Spiel nichts zu verlieren.

> Die Quintessenz dieses Buches lässt sich in drei Worten zusammenzufassen: Alles ist vollkommen.

In dem Moment, in dem Ihnen das (wieder) bewusst ist, ist jede Art von Stress verschwunden. Sie sind innerlich ruhig und von Frieden erfüllt. Möglicherweise müssen Sie auch von Herzen lachen, wenn Sie diese Wahrheit entdecken. Dieses Bewusstsein macht Ihren Alltag wesentlich leichter, spielerischer und freudvoller. Ihr Dasein basiert auf einem unerschütterlichen Fundament.

Wenn Ihr Verstand nur annähernd so tickt wie meiner, wird er sofort oder in Kürze Einspruch erheben. Tausende Gründe finden, warum nicht alles vollkommen ist. Tausende Dinge entdecken, die auf dieser Welt verkehrt laufen. Tausende Vorschläge machen, was anders laufen müsste und was Sie nicht alles tun und verändern sollten, damit Ihr Leben besser wird. Das ist der Grund, warum dieses Buch mehr als drei Worte braucht. Ich weiß, wie leicht wir übersehen, was wahr ist.

Kein Problem kann auf derselben Bewusstseinsebene
gelöst werden, auf der es entstanden ist.
ALBERT EINSTEIN

Die vier Welten in einer Nussschale

Fassen wir die Grundannahmen dieser Bewusstseinsebenen noch einmal kurz zusammen:

- Die Ebene der *objektiven* Wirklichkeit:
  Alles ist getrennt. Ihr Kopf ist wie eine Kamera, die wahrnimmt, was ist. Ihr Wohlsein hängt von äußeren Umständen ab.
- Die Ebene der *subjektiven* Wirklichkeit:
  Alles ist miteinander verbunden. Ihr Kopf ist wie eine Kamera, die filtert und interpretiert, was ist. Ihr Wohlsein hängt von Ihnen ab.
- Die Ebene der *schöpferischen* Wirklichkeit:
  Alles ist ein Traum, eine Projektion. Ihr Kopf ist wie ein Projektor, der die Außenwelt kreiert und projiziert. Ihr Wohlsein hängt von momentanen Gedanken ab.
- Die *höchste* Wirklichkeit: Alles ist eins.
  Alles ist Bewusstsein und ein Ausdruck der universellen Quelle. Wohlsein ist Ihr Naturzustand – immer da und unveränderlich.

Natürlich gibt es diesen Glas-Panoramaaufzug in Wahrheit nicht. Unser begrenzter Verstand kann das Mysterium Leben niemals erfassen. Bewusstseinszustände lassen sich nicht in Stockwerke einteilen. Soweit ich sehen kann, gibt es auch kein

Ende in der Entwicklung. Bewusstsein dehnt sich ständig aus und entfaltet sich. Alle Ebenen sind nötig für unsere materielle Existenz. Und wir sind alle in jedem „Stockwerk" unterwegs – mehr oder weniger bewusst: Jeder Mensch kennt das Gefühl, getrennt zu sein und eine Außenwelt zu erleben. Jeder Mensch erlebt Momente, in denen das „Ich" verschwindet und man eins wird mit allem. Denken Sie an Ihre Flow-Momente. An Augenblicke, in denen der Verstand ausgesetzt hat und Sie ganz aufgegangen sind in diesem Augenblick. Ihre Grenzen verschwunden sind – *Sie* verschwunden sind. Spätestens im Tiefschlaf löst sich jedes noch so starke Ich auf.

Eines dürfte klar sein: Je nachdem, in welchem Stockwerk Sie sich gerade befinden, wird Ihr Erleben ein und derselben Situation sehr unterschiedlich sein. Die Welt sieht von Etage zu Etage anders aus. Auf Ihrer Lebensreise haben Sie ein zuverlässiges Feedback-System. Ihr innerer Zustand – wie Sie sich fühlen und was sich in Ihrem Kopf abspielt – gibt Ihnen Rückmeldung, auf welcher Bewusstseinsebene Sie sich im Moment befinden. Stress, Depressionen, Ängste, Wut, Unsicherheit, Schuldgefühle, mangelnder Selbstwert, Sorgen und Ähnliches deuten daraufhin, dass Sie sich in niedrigeren Gefilden aufhalten. Und Ihr Denken im Moment nicht mit der höchsten Wahrheit übereinstimmt. Freude, Frieden, Liebe, Freiheit, innere Ruhe, Sicherheit und Zufriedenheit finden Sie in den oberen Stockwerken. Naturgemäß können Sie in diesen Etagen besser mit allem umgehen, was sich in Ihrem Leben abspielt.

Die gute Nachricht: Es braucht nur einen Augenblick, um auf einer höheren Ebene zu landen. Ihr Feedback-System zeigt den momentanen Zustand Ihrer Gedankentätigkeit an, der sich jede Sekunde verändern kann. Eine kleine Erkenntnis, ein neuer Gedanke, kann ein Wunder bewirken. Egal, wie es Ihnen jetzt geht und in welchem Stockwerk Sie sich befinden, Sie sind niemals weit entfernt von Ihrem natürlichen Wohlsein.

Sollten sich in Ihrem Kopf viele Fragezeichen, Zweifel, Verwirrung oder Widerstand breitmachen, bitte ich um ein wenig Geduld. Bleiben Sie dran. Im Laufe des Buches wird immer klarer, was Ihnen dieses Bewusstsein im Alltag bringt, wie Ihr Flow-Selbst mehr und mehr ans Licht kommt und wie Sie mit den normalen menschlichen Aufs und Abs umgehen. Damit zurück zum Thema Stress.

Mehr oder weniger Stress

Im letzten Kapitel haben wir vier Bewusstseinswelten besucht. Außer Diskussion steht, welche Sicht richtig und welche falsch ist. In der höchsten Wahrheit existieren Zeit und Raum nicht. Das ist richtig. Trotzdem ist es nicht falsch, sich um 20 Uhr beim Italiener ums Eck zu verabreden. Ihr „Ich" ist in Wahrheit eine Illusion. Trotzdem ist es nicht falsch, auf Ihren Namen zu hören und die Rolle zu spielen, die Sie eben spielen.

Es geht also nicht darum, nur noch in höchsten Sphären zu schweben – alles ist eins, Friede, Freude, Eierkuchen – und die materielle Welt zu verleugnen oder zu verdammen. Im Gegenteil, ein höheres Bewusstsein – das Gewahrsein Ihres Flow-Selbst – und das Verständnis all dieser Realitätswahrnehmungen werden Ihnen enorm helfen, in dieser Welt und mit Ihrer Umwelt auf entspannte und glückliche Weise klarzukommen. Weniger Stress und mehr Flow zu erleben. Schauen wir uns an, wie diese Veränderung gelingen kann.

> Ich bin nämlich eigentlich ganz anders,
> aber ich komme nur so selten dazu.
>
> Ödön von Horváth

Opfer oder Kontrolletti

Was tun Sie üblicherweise, wenn es in Ihrem Leben unrund läuft, Sie sich gestresst fühlen, sich Sorgen machen oder Angst haben? Lassen Sie mich raten:

a. Sie denken darüber nach, was schiefläuft, was passiert ist oder passieren wird beziehungsweise, was Sie tun und verändern müssen, damit es besser wird.
b. Sie tun alles Mögliche, um die Situation, äußere Umstände, andere Menschen irgendwie in den Griff und unter Kontrolle zu bekommen.
c. Sie versuchen alles Mögliche, um sich selbst und Ihre Gedanken zu verändern.

Richtig? Eine gesunde Mischung daraus scheint durchaus sinnvoll zu sein. Das sagt uns zumindest der Hausverstand. Nur mit dem Hausverstand finden Sie keine dauerhafte Stresslösung. Um Ihnen zu zeigen, warum das so ist, müssen wir zunächst auf die objektive Bewusstseinsebene zurückkehren und die anderen Ebenen vorübergehend ausblenden.

Im „objektiven" Realitätsmodell scheint es offensichtlich zu sein, dass Ihr Wohlbefinden von äußeren Gegebenheiten abhängig ist – von anderen Menschen, von gewissen Dingen, von den Umständen. Was im Außen passiert, verursacht Ihr inneres Erleben.

Ein Tag, an dem es schiefläuft, ist ein schlechter Tag. Der stockende Verkehr, das schlechte Wetter, der lästige Kunde, die elendslange Warteschlange, das schreiende Kind, die unerwartete Rechnung, die vielen To-dos: unangenehm und stressig. Ein Tag, an dem alles rund läuft, ist ein guter Tag. Die Lieblingsmusik im Autoradio, der strahlende Sonnenschein, das neue Projekt, das lachende Kind, eine Bonuszahlung, die erledigten Aufgaben: angenehm und freudvoll.

Die Menschen, die ich beraten und coachen darf, sind in aller Regel sehr reflektiert. Sie wissen, letztlich zählt ihr Mindset – ihre innere Einstellung und ihre Denk- und Verhaltensweise.

Sie haben dieses Bewusstsein ebenfalls; sonst hätten Sie die Lektüre längst beendet. Trotzdem werden Sie mir höchstwahrscheinlich zustimmen: Es ist relativ einfach, in seiner Mitte zu ruhen und im Flow zu sein, wenn es im Leben gut läuft. Wenn Sie mit Menschen zu tun haben, die auf Ihrer Wellenlänge sind und sich so verhalten, wie es Ihnen angenehm ist. Wenn sich die Dinge wunschgemäß entwickeln und die äußeren Umstände zufriedenstellend oder sogar rosig sind. Wenn Sie Ihre Zeit und Ihre To-dos im Griff haben. Und so weiter.

Schwieriger wird es, wenn etwas schiefläuft oder anders passiert als erwünscht und erwartet. Wenn jemand beispielsweise unfreundlich zu Ihnen ist, Ihnen etwas wegnimmt, Sie unter Druck setzt, ignoriert oder irgendwie runtermacht. Wenn das Leben Ihre Pläne durchkreuzt, Hindernisse auftauchen oder Ihre Hoffnungen enttäuscht werden. Wenn leidige Umstände eintreffen. Hand aufs Herz: Wie steht es dann um Ihr Wohlbefinden? Wie sehr ruhen Sie noch in Ihrer Mitte? Wie lange bleiben Sie im Flow?

Bei den meisten Menschen schaut es eher schlecht aus mit dem Wohlbefinden, der inneren Balance und dem inneren Frieden. Vorbei ist das im Fluss und im Einklang Sein mit sich selbst und dem Leben. In solchen Fällen reagieren wir im Autopilot-Modus: Wir sind gestresst, enttäuscht, genervt, verletzt, wütend, traurig, verzweifelt oder beleidigt und meinen, gar keine andere Wahl zu haben. Wir haben den Eindruck, andere Menschen oder die Umstände verursachen, was wir innerlich fühlen – und sind mittendrin in der Illusion des Menschseins.

Auf der objektiven Bewusstseinsebene identifizieren wir uns mit unserem Körper, unserer persönlichen Geschichte und unseren Besitztümern und sehen eine Welt, die getrennt und scheinbar unabhängig von uns existiert. Manches wollen wir unbedingt haben, weil wir *denken*, dass es mit Glück und Freude verbunden ist. Manches wollen wir unbedingt vermeiden, weil wir *denken*, dass es mit Schmerz verbunden ist.

Das klingt dann so: Das ist mein Körper, meine Gesundheit, mein Partner, meine Familie, mein Job, mein Zuhause, mein Geld, mein Auto usw. Das will ich, das will ich nicht. Das finde ich gut, das finde ich schlecht. Das finde ich richtig, das finde ich falsch. Das wünsche ich mir, das will ich vermeiden. Davor habe ich Angst. Das will ich erreichen. Das soll passieren, das nicht. Ich will, dass du das tust und jenes lässt. Und so weiter. Dies sind die Zutaten für jedes menschliche Drama.

Wann immer Sie *denken*, dass äußere Gegebenheiten für Ihr inneres Erleben und Ihr Wohlsein verantwortlich sind, haben Sie im Grunde zwei Rollen, in die Sie schlüpfen können:

Opfer

Sie ergeben sich Ihrem Schicksal, und sobald es Ihnen nicht gnädig ist, fühlen Sie sich als Opfer der Umstände. Sagen wir beispielsweise: Ihr Job ist die Hölle, aber Sie müssen weiterschuften, um genug Geld zu verdienen. Oder Ihr Boss ist ein Tyrann und die Arbeitslast zu groß, deswegen müssen Sie kündigen. Weil die Kinder noch zu klein sind, um eine Scheidung zu verkraften, müssen Sie in Ihrer schlechten Ehe bleiben. Oder Sie müssen sich unbedingt scheiden lassen, weil Ihr Partner fremdgegangen ist.

Es ist, wie Sie denken, dass es ist, und Sie haben mehr oder weniger keine Wahl. Sie sind ein Opfer der Gegebenheiten. Das Gefühl, fremdbestimmt zu sein und keine Kontrolle und keinen Einfluss zu haben, erzeugt massiven Stress – sagt die Stressforschung. Als „Opfer" haben Sie also mit hoher Wahrscheinlichkeit ein massives Stressproblem. Das Leben macht wenig Freude. Viele „Opfer" kommen früher oder später an einen Punkt, an dem Sie sagen: „Jetzt reicht's." Sie beginnen, die Verantwortung für ihr Leben zu übernehmen und ihr Schicksal zu verändern.

Kontrolletti

Wer nicht gerne Opfer der Umstände ist, bemüht sich, sein Leben unter Kontrolle zu haben. Ihr Wohlsein ist an Bedingungen geknüpft, und um die müssen Sie sich kümmern. So werden Sie alles Mögliche tun, damit es wunschgemäß läuft. Sie werden versuchen, loszuwerden, was unerwünscht ist, zu bewahren, was gut ist, und zu erreichen, was Sie erreichen wollen.

Denken Sie für einen Moment darüber nach, was Sie in Ihrem Leben gerne anders hätten. Welche Stressfaktoren sollen sich in Luft auflösen? Was wollen Sie haben, sein oder erreichen? Stellen Sie sich vor, ich hätte einen Zauberstab und Sie könnten bei mir alles bestellen, was Sie sich wünschen. Was wäre auf Ihrer Wunschliste?

Vielleicht kann ich Sie ein wenig inspirieren: mehr Geld oder gleich ein Lottogewinn, mehr Erfolg, eine glückliche Beziehung, weniger Arbeit, Ihr Traumjob oder Ihre Berufung, Gesundheit, Ihr Idealgewicht, die perfekte Figur, weniger Stress mit den Kindern, ein gutes Verhältnis zu einer bestimmten Person, wunderbare Freundschaften, ein besseres Arbeitsteam, ein faltenfreies Gesicht, ein neues Auto, eine größere Wohnung oder ein Haus, eine abgehakte To-do-Liste, ein spezielles Talent oder Erleuchtung. Alles ist möglich, was darf's sein?

Bevor ich meinen magischen Zauberstab schwinge, möchte ich noch eines wissen: *Warum* wünschen Sie sich das? Warum wollen Sie das wirklich? Was erhoffen Sie sich davon?

Hinter allem, was auf Ihrem Wunschzettel steht, steckt unter der Oberfläche dieselbe Idee: Sie *denken*, dass es Ihnen dann besser geht. Wonach Sie sich sehnen, sind bestimmte Gefühle. Schöne Gefühle. Konkret könnte das beispielsweise heißen: Wenn ich endlich genug Geld habe, fühle ich mich sicher und habe keine Existenzängste mehr. Oder bin frei das zu tun, was ich möchte, und glücklich. Wenn ich endlich meine Berufung gefunden habe, bin ich erfüllt und meine Arbeit macht mir Spaß. Wenn ich den richtigen Partner treffe, werde ich mich rundum geliebt fühlen. Wenn ich den perfekten Körper habe, fühle ich mich attraktiv und bin selbstsicherer. Wenn meine To-do-Liste erledigt ist, kann ich mich endlich entspannen.

Wir glauben, unser Wohlsein hängt von äußeren Umständen ab: „Ich wäre glücklicher, wenn … Ich bin unglücklich, weil … Mein Leben wäre besser, wenn …“, denken wir. Kein Wunder, schließlich basiert unsere gesamte „schneller, besser, höher, weiter, mehr“-Gesellschaft auf der Idee, dass das perfekte Leben irgendwo da draußen zu finden ist. Dass wir nur die richtigen Dinge tun und haben müssen, um rundum glücklich zu sein. Es erscheint sogar logisch.

Sie haben Existenzängste? Natürlich wären die weg, wenn Sie mehr Geld hätten. Sie fühlen sich ungeliebt? Natürlich wäre das anders, wenn Sie einen liebevollen Partner hätten. Sie haben das Gefühl, nicht gut genug zu sein? Natürlich könnte sich das durch eine Beförderung, ein Erfolgserlebnis oder eine Gehaltserhöhung ändern. Ihre Kinder stressen Sie? Natürlich wäre das anders, wenn sie braver wären. Sie fühlen sich überfordert? Natürlich wäre das anders, wenn Ihre To-do-Liste überschaubar und Ihr Terminkalender luftiger wäre. *Denken* Sie.

So sind Sie ständig auf der Suche und glauben, dass Glückseligkeit, Wohlbefinden, innerer Frieden und innere Sicherheit eintreffen, wenn im Außen alles genauso ist, wie Sie meinen, es zu brauchen. Das ist eine Illusion. Ausnahmslos.

> Äußere Umstände bestimmen nicht, wie es uns innerlich geht. Unser Glück finden wir nicht im Außen.

Näher betrachtet ist unschwer zu erkennen, dass die Suche nach den richtigen Umständen in die Irre führt. Ich war 27, als mich diese Erkenntnis auf unmissverständliche Weise traf:

Als kleines Kind wollte ich Taucherin werden, einen Bauernhof haben, einen Zoo gründen – ich war sehr kreativ und hatte wöchentlich einen neuen Berufswunsch. Doch mit 17 war ich mir sicher, dass ich in die Werbebranche möchte. Sollten Sie zu meiner Generation gehören, erinnern Sie sich vielleicht noch an die Serie „Melrose Place". Jeden Samstagnachmittag saß ich wie gebannt vorm Fernseher und mit der Zeit wurde Amanda Woodward (gespielt von Heather Locklear), Inhaberin einer Werbeagentur, zu meinem großen beruflichen Idol (auch wenn ihr Charakter fragwürdig war). „Lern lieber erst einmal was Gescheites", empfahl mir mein Umfeld nachdrücklich. So studierte ich in Windeseile Wirtschaft, bevor ich endlich den langersehnten Job in einer großen, internationalen Werbeagentur ergatterte. Ein Traum begann wahr zu werden. Entsprechend motiviert stürzte ich mich an unzähligen Tagen, Nächten und Wochenenden in die Arbeit. Binnen zwei Jahren stieg ich von der Assistentin zur Etat-Direktorin auf, durfte in der Welt herumfliegen, große internationale Unternehmen betreuen und verdiente damit gutes Geld. Ich hatte erreicht, was ich unbedingt wollte. Die Sache hatte nur einen klitzekleinen Haken: Ich war unglücklich.

Ständig im Flieger zu sitzen fand ich nervig, die stundenlangen Meetings langweilig, und mit meinen Kunden unterhielt ich mich weit lieber über Persönliches als über Marketingpläne. Immer öfter wurde in mir die Frage laut: „Wozu das alles?" Vor lauter Arbeit machte ich monatelang keinen Sport, rauchte wie ein Schlot und ernährte mich von Junkfood, Instant-Kaffee und eisgekühltem Coca-Cola. Mein Privatleben beschränkte sich auf Fernsehen, Essen und schlechten Schlaf. In meinem Körper fühlte ich mich schon lange nicht mehr wohl; ich war oft erschöpft und kränklich, hatte ständig Sodbrennen und Magenschmerzen und ein paar Kilo zu viel. Meine Emotionen waren im Keller begraben. Äußerlich wurde ich immer erfolgreicher, innerlich immer leerer. Weit entfernt vom Flow. Nach fünf Jahren in meinem „Traumjob" stand ich kurz vorm Burnout.

Eines habe ich aus dieser Geschichte gelernt: Zu bekommen, was ich mir wünsche, ist kein Glücksgarant. Oder wie meine Oma zu sagen pflegte: „Sei vorsichtig, was du dir wünschst, es könnte in Erfüllung gehen."

Kennen Sie das? Haben Sie schon einmal erreicht, was Sie unbedingt erreichen wollten? Sich eine bestimmte Situation oder eine Veränderung gewünscht, die tatsächlich eingetroffen ist? Nur, um dann festzustellen, dass es am Ziel keinen Deut besser ist – Sie nicht glücklich(er) sind oder Ihr Glücksempfinden nach kurzer Zeit wieder verpufft ist?

Die meisten Menschen können ein Lied davon singen. Manche bleiben aber hartnäckig dran und laufen Zielen hinterher wie mein Hund Emily einem Stöckchen. Kaum haben sie ein Ziel erreicht, werden sie wieder von innerer Unruhe und Unzufriedenheit eingeholt und rennen auf das nächste zu. Dabei brauchen wir uns nur ein wenig umschauen, um Menschen zu sehen, die scheinbar alles haben, was das Herz begehrt, und dennoch unglücklich sind.

Lange Zeit schien mir schlüssig, dass prall gefüllte Bankkonten ein Gefühl von Sicherheit geben und Existenzängste in Luft auflösen. Vor einigen Jahren öffnete mir ein mehrfacher Millionär die Augen. Er vertraute mir seinen sehnlichen Wunsch an, Milliardär werden zu wollen. „Warum?", wollte ich wissen. Seine Antwort: „Weil ich mich dann endlich sicher fühlen würde und keine Existenzängste mehr hätte." Für eine gefühlte Minute war ich sprachlos.

Es folgte eine unendlich heilsame Einsicht: Es ist *nie* genug. Es *kann* nie genug sein. Was wir wirklich suchen – Wohlsein, Glückseligkeit, Freiheit, innere Sicherheit und inneren Frieden –, können wir *niemals* im Außen finden – nicht in äußeren Umständen, nicht in Geld, oder anderen materiellen Dingen, nicht in Beziehungen, nicht in bestimmten Situationen, nicht an irgendeinem Ziel. Wir suchen die Lösung ständig dort, wo sie nicht zu finden ist.

Damit wir uns nicht missverstehen: Nichts ist falsch daran, irgendetwas haben oder erreichen zu wollen. Nichts ist falsch daran, sich ein Ziel zu setzen und etwas dafür zu tun. Es ist nur ein Irrglaube zu *denken*, dass Ihr *innerer* Zustand dadurch besser wird oder davon abhängt. Dieser Denkfehler hat einen großen Haken:

> Zu glauben, dass Ihr innerer Zustand mit äußeren Umständen zusammenhängt, führt zu Stress.

Wann immer Sie *denken*, dass äußere Gegebenheiten für Ihr Wohlsein, Ihr Glück, Ihren Seelenfrieden oder Ihre innere Sicherheit verantwortlich sind, kommt Angst ins Spiel:

- Angst, etwas Wichtiges nicht zu bekommen oder zu haben (z. B.: Liebe, Geld, Erfolg, Zuwendung, Anerkennung, Komplimente)
- Angst, etwas Unerwünschtes zu bekommen oder zu erleben (z. B.: Misserfolg, Versagen, Krankheit, Übergewicht, Falten, Einsamkeit, Tod)
- Angst, etwas Wichtiges zu verlieren (z. B.: Gesundheit, Job, Geld, Beziehung, Freunde, Freiheit, Schönheit, Selbstwert)

Sobald wir Angst haben, egal wovor, ist Stress da. Die beiden sind ein unzertrennliches Paar. Sie erinnern sich: Die älteren Hirnregionen, die unser Überleben sichern, unterscheiden nicht zwischen einer tatsächlichen Lebensgefahr und einer Bedrohung, die sich nur im Kopf abspielt. Auch unsere erdachten Ängste hält das Gehirn für real. Oft bekommen wir das überhaupt nicht mit. Die Angst ist oft subtil. Wirkt leise im Hintergrund. Und führt dazu, dass wir uns bemühen, alles im Leben im Griff zu haben und die richtigen Außenbedingungen zu schaffen bzw. zu bewahren. Das ist Sisyphusarbeit und so hilfreich, wie Salzwasser gegen den Durst zu trinken. Wenn Sie versuchen, Ihr Umfeld und äußere Umstände zu kontrollieren, werden Sie selbst mit viel Aufwand wenig erreichen – und ständig Stress haben. Es funktioniert nicht. Wichtiger noch: Es ist unnötig.

Kommen wir zu einer Wahrheit, die vermutlich allem widerspricht, was Sie bisher gedacht, empfunden und gehört haben. Selbst Stressexperten erzählen Ihnen etwas anderes. Sollte Ihr Verstand gleich revoltieren, bleiben Sie bitte offen und ziehen Sie zumindest die Möglichkeit in Betracht, dass die Dinge anders sind, als sie scheinen. Sie finden hier einen entscheidenden Schlüssel, um stressbefreit zu sein – egal, was los ist.

Werfen Sie noch einmal einen Blick auf Ihre Stressliste, die Sie erstellt haben. Falls Sie wie ich solche Übungen in Büchern gerne auslassen, antworten Sie jetzt einfach aus dem Bauch heraus und ohne lange nachzudenken: Was sind die Stressfaktoren in Ihrem Leben?

Zumeist sind das bestimmte Umstände, Situationen, Menschen oder Plätze. Solange Sie sich auf der objektiven Bewusstseinsebene befinden, sagt die Logik: Irgendetwas muss hier anders werden, wenn Sie stressbefreit sein wollen. Aber egal, was Sie unternehmen, damit dieses oder jenes „da draußen“ anders wird, es wird Ihnen höchstens vorübergehend helfen. Auf der Suche nach Verbesserung steht Ihnen ein Missverständnis so im Weg wie der Eisberg der Titanic. Es ist das große Missverständnis, wie das Leben tatsächlich funktioniert – die Illusion, der wir Menschen so leicht unterliegen. Es ist die Idee, dass irgendetwas im Außen die Ursache unserer Probleme ist und schuld daran oder verantwortlich dafür ist, wie es uns innerlich geht.

Fakt ist:
KEINER Ihrer „äußeren Stressfaktoren“ ist die Ursache von Stress, Ängsten und Sorgen. Garantiert nicht. Selbst wenn es noch so offensichtlich zu sein scheint, dass bestimmte Menschen, Situationen, Umstände oder Plätze Stress und Angst auslösen, in Wahrheit ist das nicht der Fall.

Stress wird NICHT durch äußere Faktoren verursacht.

Das ist die beste Nachricht, die Sie bekommen können. Es bedeutet nämlich, dass Ihr Wohlgefühl unabhängig von äußeren Umständen ist. Dass sich NICHTS „da draußen“ verändern muss. Dass NICHTS auf Ihrer Liste anders werden muss, damit Sie stressbefreit und entspannt sein können.

Wahrscheinlich glauben Sie mir nicht. Oder denken sich, bis zu einem gewissen Grad stimmt das vielleicht, ABER dieses und jenes erzeugt *wirklich* Stress – das sagen sogar die Experten. Glauben Sie weder den Experten noch mir. Schauen Sie selbst, was wahr ist. Sorgfältig und möglichst unvoreingenommen. Sie wissen schon, Entdeckergeist und so.

Ihre Einwände kann ich voll und ganz verstehen. Ich selbst hatte lange, lange Zeit meine Ausnahmen, meine „Das macht mir wirklich Stress"-Punkte. Dank vieler Fingerzeige erkannte ich im Laufe der Zeit, dass ich mich geirrt hatte. In jedem einzelnen Fall. Stress kommt nicht von AUSSEN.

Wenn wir das Leben ein bisschen beobachten, ist eines offensichtlich: Ein und dieselbe Situation kann für einen Menschen Stress pur bedeuten, für einen anderen eine motivierende Herausforderung sein und der dritte bleibt vollkommen gelassen. Wäre die Situation an sich die Stressursache, wäre das unmöglich.

Nehmen wir zwei extreme Bespiele: Stellen Sie sich vor, ein Löwe läuft auf Sie zu. Ich weiß nicht, wie es Ihnen erginge, aber ich hätte ziemlichen Stress. Aber denken wir an einen Dompteur im Zirkus oder an den bekannten Löwenflüsterer Kevin Richards, der mit riesigen Raubkatzen kuschelt wie ein kleines Kind mit seinem Lieblingsstofftier. Ohne Stress, ohne Angst.

Lärm verursacht Stress, sagen die Experten. Buddhistische Mönche können auf einer Verkehrsinsel in der Rush Hour seelenruhig meditieren. Einer meiner Yogalehrer pflegte zu sagen: „Mit ein wenig Übung kannst du neben einem Presslufthammer in tiefer Meditation sein." Lärm brachte ihn keineswegs aus der Ruhe. Mich kann er gelegentlich wahnsinnig machen. Seltsam, oder?

Denken Sie noch einmal an Ihre persönlichen Stressfaktoren. Auch Sie können mit Ihren vermeintlichen Stressquellen manchmal besser und manchmal schlechter umgehen. Eine bestimmte Situation, die Sie an einem Tag aus der Bahn wirft, meistern Sie an einem anderen Tag halbwegs gut und an einem dritten nehmen Sie sie völlig gelassen. Wäre das Außen für Ihr Erleben verantwortlich, würde es immer gleich ablaufen.

Außerdem werden Sie eines feststellen können: Ihr inneres Erleben verändert sich wesentlich schneller und öfter, als sich Ihre Umstände verändern. In einer Minute können Sie gestresst sein, in der nächsten zuversichtlich und erleichtert, obwohl im Außen alles beim Alten ist.

Sagen wir, Sie haben Stress mit dem lieben Geld. Wie kann es sein, dass Sie an einem Tag Existenzängste plagen und an einem anderen nicht? Sogar von einer Minute auf die andere können Ihre Ängste da und wieder weg sein. Ohne die geringste Veränderung auf Ihrem Konto. Beobachten Sie diese Phänomene in Ihrem Alltag.

Jetzt aber noch einmal zu Ihrer „Stress-Liste“:

- Was wäre, wenn Ihr Stress, Ihre Ängste und Sorgen wirklich nicht von außen kommen?
- Was wäre, wenn Sie jetzt (zumindest in den nächsten Tagen) einmal nichts gegen irgendeinen Punkt auf Ihrer Liste unternehmen und nichts davon verbessern oder verändern müssen?
- Was wäre, wenn Ihr Wohlgefühl, Ihr innerer Frieden, Ihr Flow tatsächlich nicht davon abhängen?

Um das Gesetz der Anziehung zu verstehen,
sieh dich selbst wie einen Magneten,
der mehr und mehr von dem anzieht, was er denkt und fühlt.
Abraham-Hicks

Positives Denken und das Gesetz der Anziehung

Begeben wir uns wieder auf die subjektive Bewusstseinsebene, um der wahren Ursache von Stress eine Spur näherzukommen. Hier spielen wir selbst eine entscheidende Rolle. Es gibt keinen Stress auf der Welt. Stress beginnt im Kopf. Ob wir uns gestresst fühlen oder nicht, hängt davon ab, was und wie wir über eine Erfahrung *denken*. Aus subjektiver Sicht läuft das vereinfacht in drei Phasen ab:

1. In Ihrem Leben passiert etwas.
2. Sie interpretieren und bewerten, was passiert. Großteils unbewusst und blitzschnell.
3. Je nach Bewertung erleben Sie eine Stressreaktion oder eben nicht.

Praktisch gesprochen: Stress entsteht nicht durch die äußeren Umstände wie zu viel Arbeit, den Verkehr, die grassierende Grippe oder den übelgelaunten Partner. Stress entsteht durch die Aktivitäten im eigenen Kopf und unsere Art, auf die Außenwelt zu reagieren. Wir *denken* beispielsweise, die Arbeit nicht zu schaffen und nicht genug leisten zu können. Zu spät zu kommen und im Verkehr wertvolle Zeit zu verlieren. Krank zu werden und für ein paar Tage auszufallen oder zu leiden.

Kurz vor einer Trennung zu stehen und bald verlassen zu werden. Und das ist ein Problem, denken wir.

Unser Gehirn interpretiert und beurteilt eine Situation auf Basis der Vergangenheit und macht sich Vorstellungen über die Zukunft, und zwar so, dass wir uns jetzt schlecht fühlen und Stress haben. Weil das großteils unbewusst und blitzschnell passiert, haben wir oft den Eindruck, die äußeren Umstände lösen die unangenehmen Gefühle in uns aus. Wir glauben außerdem in aller Regel, was wir denken – als wäre unser Oberstübchen eine verlässliche Nachrichtenstation für unser Leben. Erst, wenn uns auffällt, was sich in unserem Kopf abspielt und welche Geschichten er oft erfindet bzw. sich zusammenreimt, erkennen wir, wo das Übel herkommt.

Mit dieser Erkenntnis beginnen die meisten Menschen in irgendeiner Form an sich selbst zu arbeiten. Die eigenen Denk- und Verhaltensweisen zu optimieren, um mit den Herausforderungen des Lebens besser umgehen zu können.

> Sobald wir erkennen, wie alles von uns selbst abhängt, kümmern wir uns weniger um unsere Außen- und mehr um unsere Innenwelt.

Willkommen im großen, weiten Universum der Persönlichkeitsentwicklung und der Selbstoptimierung.

Die ersten Ratgeber, die ich in den 80-ern verschlang, drehten sich alle um die Macht des positiven Denkens. Wenn Ihnen eine Kokosnuss auf den Kopf fällt, können Sie darüber jammern, sich beklagen und fragen, warum immer *Ihnen* die schlechten Dinge widerfahren. Oder das Ganze positiv sehen – die Nuss knacken, die Milch trinken, das Fruchtfleisch essen und aus der Schale zwei Schüsseln machen. Das ist natürlich metaphorisch gemeint. Jedenfalls geht es darum, bewusst konstruktiv zu denken, das Gute in allem zu sehen, Probleme und Herausforderungen als Entwicklungs- und Wachstumschance zu betrachten und aus schwierigen Situationen das Beste zu machen. Kurz, optimistisch durchs Leben zu gehen. Was sich zweifellos selbstbestimmter anfühlt und stressfreier ist als das Opfer-Dasein oder der Kontrollzwang im objektiven Realitätsmodell.

Die innere Einstellung zum Stress selbst hat, wie schon erwähnt, einen Einfluss darauf, wie wir Stress erleben und ob er gesundheitsschädlich ist oder nicht. Ratschläge à la „Du darfst nicht so negativ sein“, „Du musst eben positiv denken“ und „Du musst deine innere Einstellung verändern“ kennen Sie aber vermutlich zur Genüge. Und es hilft Ihnen nicht wirklich weiter. Lassen Sie mich raten: Erstens tun sie das alles ohnehin, so gut es geht. Zweitens klappt das positive Denken phasenweise einfach nicht – vor allem nicht, wenn Sie gerade mitten im Stress sind. Drittens möchten Sie, dass Ihr Leben anders wird. Sie wollen, bitte schön, von Haus aus weniger Stress – weniger Kokosnüsse, die auf Ihren Kopf fallen. Richtig?

Wenn Sie sich in der Lebensverbesserungs-Szene umhören, werden Sie auf eine genialere Lösung stoßen. Positives Denken ist in der heutigen Zeit fast schon veraltet, stattdessen dreht sich alles um bewusste Realitätsgestaltung. *Du gestaltest deine eigene Realität. Dein Leben hängt von dir ab. Du kannst alles erreichen, was du dir wünscht.* Das predigen mittlerweile hunderte von Ratgebern und Lebensgurus.

Sie können über die gegebenen Umstände nicht nur positiv denken, Sie können sie auch durch Ihr Denken und Sein verändern.

Das heißt: Sie können sich ein glücklicheres – stressfreieres – Leben erschaffen. Es scheint doch tatsächlich möglich zu sein, sich die Kokosnüsse zu ersparen. Natürlich nur, wenn Sie es richtig machen.

Die mit Abstand einfachste Methode, die am Markt kursiert: *Wünsch es dir einfach!* Bestellen beim Universum. Ein klar formulierter Wunsch, loslassen, vertrauen und schon kommt sie, die Lieferung. Wünschen und bekommen – so lautet das Versprechen. Das ist so einfach wie Pizza ordern beim Pizza-Flitzer. Probieren Sie es – selbst wenn Sie nicht daran glauben. Es funktioniert tatsächlich. Manchmal zumindest. Aus meiner Erfahrung sind es meist die vermeintlich unbedeutenden Wünsche, die sich mit Leichtigkeit erfüllen: Die Ampeln sind grün, wenn ich es eilig habe. Ich finde einen Parkplatz an Orten, an denen üblicherweise keiner zu finden ist. Ich wünsche mir einen netten Nachmittag, und schon ruft meine Freundin an, ob wir gemeinsam einen Kaffee trinken wollen. Im ausgebuchten Restaurant bekomme ich ohne Vorreservierung meinen Lieblingstisch, weil gerade jemand abgesagt hat. Ob Zufall oder nicht, in jedem Fall ist das sehr praktisch. Aber leider klappt das nicht immer so problemlos und stressfrei. Die meisten „Universums-Besteller“ kommen früher oder später an den Punkt sich zu fragen: „Was ist mit den Bestellungen, die nicht geliefert werden? Warum bekomme ich Lieferungen, die ich ganz bestimmt (so) nicht bestellt habe? Ist das nicht doch alles Unsinn?“

Erklärungen finden wir in den Realitätsgestaltungskonzepten, die auf dem Gesetz der Resonanz beruhen. Auch das Gesetz der Anziehung genannt. Es ist ein universelles Gesetz, das auf der subjektiven Bewusstseinsebene eine entscheidende Rolle spielt:

Gleiches zieht Gleiches an.

Durch Ihre Ausstrahlung – durch das, was Sie denken, fühlen, sagen und tun – ziehen Sie Gedanken, Menschen, Situationen und Ereignisse an. Das heißt, es kommen nur Menschen, Dinge oder Situationen in Ihr Leben, die mit Ihrer eigenen Schwingung in Resonanz sind. Es hängt mit Ihrer Frequenz zusammen, was passiert und wie Ihnen Ihre Mitmenschen begegnen. Und falls Ihnen eine Kokosnuss auf den Kopf fällt, ist das kein blöder Zufall.

Sie erinnern sich an die Grundannahme, die auf der subjektiven Bewusstseinsebene gilt: Alles steht miteinander in Wechselwirkung und beeinflusst sich gegenseitig. Verändert sich Ihr Sein und Ihre Ausstrahlung, verändert sich Ihr Leben. Sind Sie beispielsweise frei von Angst und Stress, passiert etwas Interessantes: Unangenehme Menschen verschwinden auf wundersame Weise aus Ihrem Umfeld. Oder dieselben Menschen benehmen sich plötzlich anders. Beziehungsweise können Sie mit dem gleichen Verhalten, das Sie früher aus der Bahn geworfen hätte, plötzlich gelassen umgehen – und zwar ohne bewusstes Bemühen. Sie treffen mehr Menschen, die auf Ihrer Wellenlänge sind und Ihrer entspannten Energie entsprechen, und Ihre Energie wirkt sich positiv auf Ihr Umfeld aus.

Diese Zusammenhänge müssen wir aber erst einmal durchschauen. In der Schule lernen wir etwas über physikalische Gesetze. Jeder kennt das Gesetz der Schwerkraft und weiß, warum wir auf der Erde nicht schweben, ein Apfel irgendwann vom Baum fällt und im Unglücksfall ein Flugzeug vom Himmel. Das geistige Gesetz der Anziehung gehört nicht zur Schulbildung und ist weit weniger bekannt. Außerdem längst nicht so offensichtlich.

Unlängst saß ich mit meinem MacBook in meinem Lieblingscafé. Ein Kellner fragte mich, was ich so eifrig schreibe. Ich: „Ein Buch über Stress." Daraufhin er: „Interessant! Weißt du, ich bin immer so entspannt, wenn ich in die Arbeit komme. Aber manche Gäste sind so stressig, die bringen mich völlig aus der Ruhe." Nach einer kurzen Denkpause fügte er noch hinzu: „Ja, es sind wirklich immer die gestressten Menschen, die mich stressen."

Verstehe ich. Oberflächlich betrachtet hängt das Innen vom Außen ab und nicht umgekehrt. Stress scheint von außen zu kommen. Ich falle auch immer wieder darauf rein. So schaut das Leben eben aus, wenn wir uns auf der objektiven Bewusstseinsebene herumtummeln. Wir übersehen, was unser Erleben mit unserer Innenwelt zu tun hat.

> Was wir denken und fühlen, spiegelt sich im Außen wider.

Selbst wenn wir das Gesetz der Anziehung kennen, ist es in der Realität manchmal schwer nachvollziehbar. Vor allem, wenn andere Menschen unangenehm sind und wir offensichtlich unschuldig daran. Vor allem, wenn Unerwünschtes passiert, stellt sich die Frage, wie und warum wir das selbst angezogen haben sollen. Die Antwort liegt in der Natur des Menschseins. In unserem Kopf geistern durchschnittlich 60.000 Gedanken am Tag herum – ein Mammutanteil davon unbewusst. Leider gestalten nicht nur unsere besten und bewussten Gedanken und Gefühle unsere Realität. *Alle* unsere Gedanken, Gefühle und Vorstellungen – bewusste und unbewusste – beeinflussen unser (Er-) Leben. Auch und gerade unsere oft gut verborgenen Ängste, Zweifel, Bedürfnisse und Unsicherheiten.

Was beim Gesetz der Resonanz zählt, sind nicht kurzfristige Gefühls-Hochs oder gelegentliche Tiefs, sondern vielmehr Ihre Gewohnheitsschwingung – die durchschnittliche Alltagsfrequenz, in der Sie sich die meiste Zeit befinden. Dieser gewohnte Zustand hat den stärksten Einfluss auf Ihre Realität. Es nützt demnach wenig, zehnmal am Tag zu affirmieren: „Ich bin entspannt, innerlich ruhig und gelassen", wenn es unter der Oberfläche anders ausschaut.

Außerdem ist die Verbindung zwischen Innen und Außen, zwischen Ausstrahlung und Anziehung, oft unklar bzw. anders als gedacht. Nehmen wir wieder ein Beispiel: Sagen wir, in Ihrem Job ist das Arbeitsklima schlecht, weil Ihr Chef ein Tyrann ist. Das stresst Sie. Oberflächlich betrachtet verhält er sich oft aggressiv und grob – darüber sind sich alle einig. Was könnte das mit Ihnen zu tun haben?

Möglicherweise denken oder verhalten Sie sich anderen Menschen gegenüber grob und sind selbst oft ein Tyrann, dann liegt die Wechselwirkung auf der Hand. Vielleicht unterdrücken Sie aber auch Ihre eigenen Aggressionen und das spiegelt Ihr Chef wider. Oder Sie setzen sich häufig einem aggressiven Umfeld oder Gedankenfeld aus. Sie lesen beispielsweise ständig Krimis, schauen sich Thriller an oder hören gewaltvolle Nachrichten. Vielleicht gehen Sie mit sich selbst lieblos um oder halten sich für wertlos. Es gibt also verschiedenste Möglichkeiten, wie Sie mit destruktiver Energie in Resonanz sein können. Selbst, wenn Sie als besonders liebevoll gelten.

Sobald Sie Ihre innere Resonanz zu dem Thema auflösen und sich selbst verändern, verändert sich damit unweigerlich das, was Sie anziehen. Vielleicht wird Ihr Chef in eine andere Abteilung versetzt oder Ihnen wird ein toller, neuer Job angeboten. Vielleicht verändert sich Ihr Chef aber auch auf mysteriöse Weise und verhält sich plötzlich freundlich und sympathisch. Oder sein Verhalten schlägt nicht mehr auf Ihre Laune. Was Sie früher aufgeregt hat, nehmen Sie jetzt mit einem inneren Lächeln zur Kenntnis.

Wenn Sie in Ihren Badezimmerspiegel schauen und darin ein Gesicht mit einem Schmutzfleck auf der Wange entdecken, wissen Sie, dass Sie Ihr eigenes Gesicht waschen müssen. Dank Ihres Ich-Bewusstseins können Sie das Gesicht im Spiegel als das Ihre erkennen. Weder sind Sie wütend auf den Spiegel, weil er Ihnen einen Fleck zeigt, noch fühlen Sie sich von dem Spiegel gestresst oder bedroht. Sie machen ihn mit Sicherheit nicht für den Schmutzfleck verantwortlich oder beginnen, das Gesicht im Spiegel zu reinigen. Das wäre absurd, oder?

Im subjektiven Realitätsmodell ist die Welt wie ein Spiegel Ihres Seins. Doch während sich die meisten Menschen im Spiegel selbst erkennen, erkennen sich die wenigsten selbst in der Welt. Das hat einen gravierenden Fehler im Denken und Handeln vieler Menschen zur Folge: Sie glauben, die physische Welt – der Spiegel – ist verantwortlich für das, was sie fühlen und erleben (= objektive Wirklichkeitssicht). Sie meinen, Probleme haben ihre Ursache in der Außenwelt, und suchen die

Lösung dort. Sie denken, sie müssen den Spiegel in Ordnung bringen und sind überzeugt, Glück, Zufriedenheit und Wohlbefinden würden einkehren, wären nur die äußeren Umstände anders. Stress pur. Mit dieser illusorischen Idee sind Sie ständig in Unfrieden mit der Welt und streiten mit der Wirklichkeit – mit dem, was *ist*. Mit einem Spiegel zu streiten, ist sinnlos: Der Spiegel spiegelt nur!

Mit zunehmendem Bewusstsein und mit dem Wissen um das Gesetz der Resonanz fühlen Sie sich nicht länger als Opfer der Umstände. Sie begreifen, dass Sie Ihren Stress und Ihre Probleme nicht dadurch lösen, dass Sie versuchen, die Außenwelt zu kontrollieren und zu verändern. Sie wissen, was auch immer passiert, der entscheidende Stress- oder Glücksfaktor in Ihrem Leben sind Sie selbst. Alles, was sich im Außen zeigt, kann Sie etwas lehren. In dem, was Sie im Außen stört und was Ihnen scheinbar Ihren inneren Frieden raubt, können Sie Ihre eigenen Themen sehen und bemerken, wo Sie noch in alten Mustern und Illusionen stecken. Die Menschen und Situationen, die Sie aus Ihrer Mitte werfen, sind oft Ihre wichtigsten Lehrer. Sie zeigen Ihnen, was Sie wissen müssen, um aufzuwachen. Das Leben gibt Ihnen ständig Feedback.

Auf dieser Bewusstseinsebene können Sie Ihren Fokus wegnehmen von dem, was andere Menschen denken, sagen und tun, und wie andere Ihrer Meinung nach sein sollten. Stattdessen richten Sie Ihre Aufmerksamkeit mehr darauf, wie Sie sind und was Sie denken, sagen und tun. Und wenn Sie sich in Ihrem Alltag beobachten, werden Sie eines feststellen können: Je mehr Energie Sie haben, je wohler Sie sich fühlen und je zentrierter und entspannter Sie sind, desto entspannter können Sie mit all Ihren vermeintlichen „Stressoren“ umgehen. Oder sie werden gar nicht erst auftauchen. Je besser es Ihnen geht, desto runder läuft es. Umgekehrt kann Sie alles Mögliche fertigmachen, wenn Sie in einer miesen Verfassung sind. Je schlechter es Ihnen geht, desto destruktiver denken Sie und desto leichter sind Sie gestresst. Als hätte sich die ganze Welt gegen Sie verschworen, ziehen Sie ein schlechtes Ereignis nach dem anderen an. Von Flow keine Rede.

Aus der subjektiven Perspektive liegt eine Patentlösung für Stress auf der Hand: Kümmern Sie sich ZUERST darum, in einer guten Energie und in Ihrer Mitte zu sein, BEVOR Sie den Rest angehen. Statt den Stress zu bekämpfen oder möglichst schnell loswerden zu wollen (was wiederum Stress verursacht), sorgen Sie erst einmal gut für sich. Diese Reihenfolge hat zwei große Vorteile:

1. Sie packen die Dinge, die Sie anpacken müssen, wesentlich sinnvoller, effizienter und erfolgreicher an. Sobald es Ihnen besser geht, kommen Sie mit allen Umständen leichter zurecht – auch mit den Kokosnüssen.
2. Sie ersparen sich viele Probleme, Scherereien und Umwege. Sobald sich Ihre Schwingung erhöht, ziehen Sie andere Umstände an – weniger oder gar keine Kokosnüsse.

Auf dieser Bewusstseinsebene bleibt noch die Frage, wie Sie Ihren inneren Zustand verbessern können.

Ich brauche dringend einen neuen Kopf.
Der alte denkt zu viel.

Die wichtigsten Einflusshebel auf Ihren inneren Zustand

Woran ich Sie immer wieder erinnern darf: Flow ist Ihr natürlicher Seins-Zustand. Wohlsein, Freude, Kraft, Resilienz, Friede, Stille, Liebe sind Ihre innere Werkseinstellung. Diese Werkseinstellung kann lediglich überlagert sein von momentanen Gedanken und damit verbundenen Emotionen bzw. biochemischen Schwankungen. Sie sind niemals weit entfernt von Ihrer wahren Power. Ihr natürliches Wohlsein ist wie die Tiefe des Meeres, wo stets Ruhe und Frieden herrscht – egal, wie hoch die Wellen an der Oberfläche schlagen. Und vergleichbar mit den Meereswellen erleben wir Schwankungen: Aufs und Abs. Mal geht es uns besser, mal schlechter. Das ist menschlich.

In die unveränderliche Tiefe tauchen wir später, zunächst bleiben wir noch ein wenig an der Oberfläche und schauen uns an, was die Wellen verursacht.

Wenn es um Ihren momentanen, sich ständig verändernden inneren Zustand geht, spielen auf der subjektiven Bewusstseinsebene drei Einflussfaktoren eine entscheidende Rolle:

1. Ihre Psyche: Was Sie gerade denken und fühlen
2. Ihre Physiologie: Was sich in Ihrem Körper physiologisch abspielt
3. Ihr Handeln: Was Sie tun und warum

Mit anderen Worten: Um Ihre innere Verfassung zu verbessern und Ihre Schwingung zu erhöhen, können Sie bei Ihrer Psyche – Ihrem Denken und Fühlen –, bei Ihrem Körper oder bei Ihrem Tun ansetzen.

Fangen wir beim ersten Hebel an: Ihrer Psyche. Die meisten Menschen, die sich darüber bewusst werden, wie die eigene Schwingung die Realität beeinflusst, beginnen an Ihrem Mindset und Ihrer Gefühlswelt herumzudoktern. Sie versuchen, alte Glaubenssätze und hinderliche Überzeugungen aufzulösen und durch förderliche Denkmuster zu ersetzen bzw. schlechte Gefühle loszuwerden, um sich besser zu fühlen. Dazu arbeiten sie beispielsweise ihre Vergangenheit auf, nutzen Affirmationen, visualisieren, probieren es mit Erfolgsformeln und Hypnose, definieren ihre Werte neu, üben sich in Dankbarkeit und so weiter. Ich habe so ziemlich alles davon getestet und war beschäftigt als meine eigene Gedanken- und Gefühlspolizei. Phasenweise funktioniert das.

Optimistischen Schätzungen zufolge macht aber bewusstes Denken gerade einmal zwischen fünf und sieben Prozent des gesamten Denkens aus. Andere Quellen gehen von einem Verhältnis von 1 : 1.000.000 aus. Fakt ist: Viele Gedanken, Gefühle und daraus resultierende Emotionen laufen „unbewusst" und „unkontrolliert" ab. Das Ganze passiert quasi im Untergrund. Und nur weil ein Gedanke in Ihrem Bewusstsein auftaucht, heißt das noch lange nicht, dass Sie ihn bewusst gefasst haben. Jedem bewussten Denkprozess gehen unbewusste voraus.

Der Versuch, Gedanken und Gefühle zu kontrollieren, ist weniger Erfolg versprechend als der Kampf gegen Windmühlen.

Ist Ihnen schon einmal Folgendes aufgefallen? Ausgerechnet, wenn es Ihnen nicht gut geht, es unrund läuft und Sie gestresst sind, macht Ihr Kopf, was er will. In einer schlechten Verfassung nimmt die unwillkürliche mentale Aktivität zu. Die Gedanken drehen sich im Kreis und kommen einfach nicht zur Ruhe. Ein negativer Gedanke zieht viele, viele weitere an. Unzählige Male fragen Sie sich, warum dieses oder jenes passiert ist, und obwohl mit Sicherheit keine befriedigende Antwort zu finden ist, können Sie nicht aufhören zu grübeln. Sie erinnern sich zum x-ten Mal an ein Ereignis, gehen die Situation im Kopf immer und immer wieder durch und überlegen, wie Sie reagieren und was Sie anders hätten machen sollen, obwohl Ihnen klar ist, dass sich die Vergangenheit nicht ändern lässt. Oder Sie spielen im Geist alle möglichen Szenarien durch, was in Zukunft passieren könnte und wie Sie damit umgehen werden, obwohl Sie wissen, dass es im Leben meistens ohnehin ganz anders kommt, als Sie denken. Plötzlich tauchen auch wieder Glaubenssätze auf, an denen Sie schon zig-fach gearbeitet haben – und wieder einmal fühlen Sie sich nicht gut genug, nicht liebenswert, nicht richtig, wie ein Versager oder einfach unsicher, unglücklich und unvollständig.

Verzweifelt versuchen Sie mit Ihrem Denken Ihr Denken zu verändern – schließlich wissen Sie, wie schlecht negatives Denken ist –, aber Sie haben es einfach nicht unter Kontrolle. Prompt haben Sie jetzt auch noch Stress, weil Sie einfach „falsch“ denken und fühlen und sich nicht im Griff haben.

An dieser Stelle sei wieder einmal eines erwähnt: Das ist menschlich und kein persönlicher Defekt. Der Kopf hat nun einmal die Tendenz, sich auf Negatives, auf Probleme oder Fehler zu konzentrieren und aus Mücken Elefanten zu machen. Diese „Negativität" ist evolutionsbedingt und diente einst unserem Überleben. Sie erinnern sich: lieber öfter unnötigen Stress haben als einmal zu wenig. Wir konnten es uns nicht leisten, den Tiger im Busch zu übersehen.

Im „Problemfall" mobilisiert das Gehirn den Körper. In der Steinzeit haben wir den Stresshormon-Cocktail und die innere Spannung bei Flucht oder Angriff rasch abgebaut und das Ganze hatte ein schnelles Ende. Heute sitzen wir mit diesem Cocktail am Schreibtisch (und pushen uns vielleicht auch noch mit Koffein), stecken im Stau oder liegen im Bett. Das heißt, die geballte Energie bleibt stecken und die Stresshormone zirkulieren munter im Körper herum. Finden wir im Leben keine reale Möglichkeit, überschüssige Spannung abzubauen, ist der Körper in ständiger Alarmbereitschaft und der Kopf läuft auf Hochtouren: Durch permanentes Denken und innere Dialoge versuchen wir, Druck abzubauen und reale Handlungen zu kompensieren, die wir nicht ausführen können oder wollen. Die innere Spannung werden wir durch diese – verzeihen Sie den saloppen Ausdruck – „Hirnwichserei" aber blöderweise nicht los. Im Gegenteil, der innere Stress nimmt zu und die Gedanken rennen automatisch weiter. Auch hier spielt das Gesetz der Resonanz eine Rolle:

> Negative Gedanken ziehen weitere negative Gedanken nach sich.

Wundern Sie sich also nicht, dass Ihnen in einem Tief auf einmal *alles* in Ihrem Leben schrecklich und trostlos erscheint. Und dass Sie den Druck verspüren, *jetzt sofort* alles Mögliche verändern zu müssen. Oder Sie total resignieren, weil Sie keinen Ausweg sehen und denken, dass *alles* keinen Sinn hat. Bevor Sie dieses Theater ernst nehmen und in Aktion treten, warten Sie lieber ab, bis sich die Wellen beruhigt und die Wolken verzogen haben. Dann sehen Sie wieder klar und wissen, ob für Sie *wirklich* etwas zu tun ist, und falls ja, was.

Was Ihre Psyche anbelangt, denken Sie an die Grundannahme der subjektiven Bewusstseinsebene: Alles ist miteinander verbunden und alles steht miteinander in Wechselwirkung. Das heißt, sowohl Ihr körperlicher Zustand als auch das, was Sie gerade tun, haben einen Einfluss darauf, was Sie denken und fühlen. Diese beiden Hebel sind ungleich einfacher zu bedienen, wenn Sie Ihre innere Verfassung verbessern möchten.

Beginnen wir bei Ihrem Körper: Ihre momentane physische Verfassung beeinflusst, welche Gedanken Sie anziehen und wie Sie die Realität wahrnehmen. Befinden Sie sich in einer physiologisch „hohen" Energie, haben Sie tendenziell produktivere Gedanken und angenehmere Gefühle.

> Stellen Sie sich Ihren Körper wie einen Radioapparat vor und Ihre momentane physische Verfassung ist die Frequenz, auf die das Gerät eingestellt ist.

Abhängig von der eingestellten Frequenz empfangen Sie ein Programm – Gedanken, die Ihnen durch den Kopf gehen. Um einen anderen Sender zu empfangen, müssen Sie das „alte" Radioprogramm nicht verändern oder verbessern. Sobald Sie die Frequenz wechseln, läuft automatisch ein anderes Programm – Sie empfangen andere Gedanken. Fertig.

Im nächsten Kapitel kümmern wir uns ausführlich darum, an welchen physischen Knöpfen Sie drehen können, um Ihre Frequenz zu ändern und den Sender zu wechseln. Oder weniger metaphorisch ausgedrückt, schauen wir uns an, wie Ihre physische Verfassung mit Ihrer Psyche in Wechselwirkung steht und mit dem inneren Stresserleben zusammenhängt.

Tu deinem Körper etwas Gutes,
damit deine Seele Lust hat, darin zu wohnen.
TERESA VON ÁVILA

Körperliche Bedürfnisse und Stress

Alles ist Bewusstsein. Sie sind Bewusstsein, das sich in einem energetischen Vehikel ausdrückt, das dichter ist als Bewusstsein und damit Beschränkungen unterliegt. Weniger esoterisch: Sie stecken in einem menschlichen Körper und dieser Körper hat Grenzen und Bedürfnisse. Er ist wie ein Fahrzeug, mit dem Sie durchs Leben brausen. So wie ein Auto Benzin, Öl und Wasser braucht, braucht Ihr Körper Schlaf, Erholung, Nahrung, Atmung und Bewegung. Für Ihre Lebensreise macht es nun einmal einen Unterschied, ob Sie Ihr Gefährt in Schuss halten oder nicht.

Keine Frage, wenn Sie mental sehr stark sind, können Sie vieles kompensieren. Der Geist bestimmt die Materie. Es gibt Übermenschen, die tagelang wach bleiben und ohne Schlaf auskommen. Yogis, die Gift trinken und überleben. Tibetische Mönche, die stundenlang nackt im Schnee sitzen und in der eisigen Kälte meditieren. Apnoe-Taucher, die 24 Minuten die Luft anhalten. Offensichtlich ist vieles möglich, trotzdem müssen Sie es Ihrem Körper nicht unnötig schwer machen.

In der Coaching-Praxis erlebe ich immer wieder Menschen, die verzweifelt an ihrer Psyche – ihrem Denken und Fühlen – und ihren Verhaltensweisen arbeiten und schon Gott weiß was probiert haben. Sie übersehen oder ignorieren aber, was ihr Körper braucht. Damit schneiden sie sich in mehrfacher Hinsicht ins eigene Fleisch. Es ist jedem bekannt, wie wichtig eine gesunde Ernährung, ausreichend Bewegung, genügend Schlaf und Erholung ist, um körperlich gesund, fit und schlank zu sein, möglichst alt zu werden und gleichzeitig möglichst jung auszusehen. Weniger klar ist vielen, welchen massiven Einfluss diese Faktoren auch auf ihren Kopf und ihr Gefühlsleben haben.

Als Daumenregel sollte Ihnen folgende Wechselwirkung bewusst sein: Je mehr Sie Ihre körperlichen Bedürfnisse missachten, desto schwerer wird es Ihnen fallen, produktiv zu denken und sich gut zu fühlen bzw. desto stärker müssen Sie mental sein – was wiederum schwieriger ist, wenn Sie Ihre körperlichen Bedürfnisse übergehen.

Das Ganze gilt auch umgekehrt: Je mehr Sie auf Ihre körperlichen Bedürfnisse achten, je mehr Sie mit Ihrem Körper zusammenarbeiten, desto leichter ist es, klar im Kopf zu sein, konstruktiv zu denken und sich wohlzufühlen. Sie können also beim Körper ansetzen, um Ihren Geist und Ihre Psyche zu verändern. Darum möchte ich Ihnen ein paar Zusammenhänge und Wechselwirkungen zeigen, durch die Sie Ihr Stresserleben auf einfache Weise reduzieren können.

Der Atem, ein magischer Schalter

Wenn ich das Thema Atmung anspreche, ernte ich zunächst oft gelangweilte Mienen. Vielleicht überlegen auch Sie sich schon, diesen Punkt zu überspringen. Aber stellen Sie sich vor, Sie hätten einen magischen Schalter. Mit diesem Zauberschalter könnten Sie vom Stress in den Entspannungsmodus umschalten. Sie könnten Ihren inneren Zustand, Ihre Stimmung und Ihre Körperchemie beeinflussen. Und zwar schnell. Jederzeit. Allerorts. Und kostenlos.

Das wäre doch genial, oder? Jeder Mensch hat diesen Schalter. Nur ist er für uns alle so selbstverständlich, dass wir ihn weitgehend vernachlässigen. Dieser Schalter ist – Sie ahnen es schon – der Atem.

Der Atem ist neben Wasser, Nahrung und Sonnenlicht die wichtigste Energiequelle unseres Körpers.

Wir können bis zu 40 Tage ohne Nahrung auskommen, durchschnittlich zwei bis fünf Tage ohne Flüssigkeit, aber nur wenige Minuten ohne Atem. Ein Erwachsener, der durchschnittlich, sagen wir, 14 Atemzüge pro Minute macht, kommt allein in einer Stunde auf 840. Das macht 20.160 Atemzüge pro Tag. So ist es nicht verwunderlich, dass die Qualität des Atems einen entscheidenden Einfluss auf die Qualität unseres Lebens hat.

Gedanken wecken Gefühle und jedes Gefühl ist mit einem spezifischen Atemmuster verknüpft. Wenn wir Angst haben, atmen wir beispielsweise schnell und ungleichmäßig, die Pausen fehlen und wir atmen mehr ein als aus. Wut lässt uns „schnauben“, wir atmen ohne Pause kräftig und schnell aus und scharf ein. Sind wir hingegen zufrieden und gelassen, sind die Atemzüge lang und ruhig und die Atempausen vergrößern sich. Gleichzeitig gestresst zu sein und ruhig und langsam zu atmen, ist unmöglich. Wie wir sind, so atmen wir. Und umgekehrt: Wie wir atmen, so sind wir.

Das Problem ist, dass wir oft „falsch“ atmen: zu flach, zu kurz und zu schnell. Die Atemweise, die eigentlich nur dazu gedacht ist, in einer Stresssituation unser Überleben zu sichern, ist vielen zur Gewohnheit geworden. Wenn wir die meiste Zeit unbewusst und automatisch „falsch“ atmen, stehen wir wiederum wesentlicher mehr unter Stress und verspannen uns. Wer dauernd so atmet, als wäre er gestresst, *ist* immer gestresst. So entsteht ein Teufelskreis.

Umgekehrt heißt das, dass wir über den Atem Stress lösen und unser Wohlbefinden verbessern können. Nachweislich. Über die Art und Weise, wie wir atmen, haben wir Einfluss auf unser vegetatives Nervensystem, das alle unbewusst ablaufenden Vorgänge im Körper steuert, wie z. B. Herzschlag, Blutdruck, Stoffwechsel, Immunsystem und Verdauung. Jede Veränderung des Atems wirkt direkt auf das Nervensystem. Darum können Sie sich bewusstes Atmen wie einen Schalter vorstellen, mit dem Sie von Stress auf Entspannung umstellen können. Sind Sie beispielsweise nervös, wütend, ärgerlich oder ängstlich, spüren Sie sofort eine Erleichterung, wenn Sie bewusst ruhig und gleichmäßig durch die Nase atmen. Der Herzschlag verlangsamt sich und Sie werden innerlich ruhiger. Über die bewusste Atemlenkung können Sie sowohl Ihre Gefühle als auch unbewusste Funktionen in Ihrem Körper und Geist beeinflussen.

Das ist nicht unbedingt neu. „Atme mal tief durch" ist wohl einer der am weitesten verbreiteten Ratschläge, um jemanden zu beruhigen. Sofern Sie nicht genervt mit den Augen rollen und guten Willen zeigen, holen Sie ein paar Mal tief Luft. (Manche atmen dabei so heftig, dass ihnen schwindlig wird.) Damit das Ganze eine entspannende Wirkung hat, sollten Sie drei Dinge wissen, die bei diesem schlauen Tipp oft unter den Tisch fallen:

1. Es ist die Ausatmung, die die gewünschte Entspannungsreaktion auslöst. Wenn Sie bewusst länger aus- als einat-

men, können Sie Ihren Stresslevel wesentlich effektiver reduzieren.

Eine Yoga-Atemtechnik, die auch bei Panikattacken helfen kann, ist die 7-11 Atmung. Geht ganz einfach: Durch die Nase einatmen und dabei bis sieben zählen. Durch die Nase ausatmen und dabei bis elf zählen. Atmen Sie möglichst ruhig und voll – ohne Anstrengung bis in den Bauchraum. Sollte es schwierig sein, den Atem so zu verlangsamen, atmen Sie bei vier ein und bei sechs aus – die 4-6 Atmung. Entscheidend ist die längere Ausatmung. Das Zählen hilft außerdem, den Fokus weg von stressigen Gedanken in den gegenwärtigen Moment zu lenken.

Sobald Sie sich innerlich ruhiger fühlen, lassen Sie Ihre Ein- und Ausatmung wieder in ein natürliches Gleichgewicht finden. In ein Gleichgewicht von Aufnehmen und Abgeben, von Annehmen und Loslassen.

2. Um den Parasympathikus zu aktivieren, müssen Sie durch die Nase atmen. Die Mundatmung ist nur für Notfälle gedacht. Auf diese Weise können wir schneller größere Mengen an Sauerstoff aufnehmen als durch die Nase. Die Mundatmung hilft uns, in Fluchtsituationen oder bei einem Angriff leistungsfähig und wach zu sein. Wenn Sie sich körperlich sehr anstrengen, z. B. schnell laufen, oder emotional in Aufruhr sind, dann ist die Mundatmung normal und sinnvoll, aber eben nur dann. Sind Sie körperlich entspannt, emotional ausgeglichen und geistig klar, dann ist die Nasenatmung die natürliche Art zu atmen. Bewusst ruhig durch die Nase zu atmen bringt Sie in den Entspannungsmodus.
3. Heutzutage kümmern wir uns im Yoga meist um eine tiefe, volle, ruhige und gleichmäßige Atmung – und das bringt schon enorm viel. In der Yogatradition bestand das Ziel der

Atemübungen vor allem darin, den Atem zurückzuhalten, ihn zu „unterbrechen" und zu „beruhigen". „Wenn der Atem ungleichmäßig ist, dann ist der Geist unruhig, aber wenn der Atem still ist, ist auch der Geist still", steht in der Hatha Yoga Pradipika[5]. Bei vielen fortgeschrittenen Atemtechniken wird daher die Kunst der Atempause bewusst und willentlich geübt. Nach der Ausatmung, nach der Einatmung oder nach beiden Phasen wird die Luft angehalten. In Folge beruhigt sich der Geist.
Als Laie halten Sie jetzt bitte nicht einfach die Luft an. Aber Sie können mit folgender Atemübung experimentieren, wenn Sie sich bewusst über die Atmung *ent*stressen wollen: Atmen Sie ein und ungefähr doppelt so lange wieder aus. Am Ende der Ausatemphase entsteht auf natürliche Weise eine Atempause, die so lange dauert, bis der Impuls zum Einatmen von selbst kommt. Mit der Zeit können Sie die Atempause auf bis zu 10-15 Sekunden ausdehnen. Ohne übertriebenen Ehrgeiz bitte. Das Ganze soll sanft und ruhig ablaufen und nicht dazu führen, dass Sie nach Luft schnappen müssen – sonst hat es die gegenteilige Wirkung. Sobald Sie entspannt sind, können Sie noch ein paar Runden im Quadrat atmen: Einatmen – Atempause in der Atemfülle – Ausatmen – Atempause in der Atemleere. Wobei jede der vier Atemphasen gleich lang sein soll.

Sie brauchen aber keine ausgetüftelten Atemtechniken. Oft reicht es aus, Ihre Aufmerksamkeit auf den Atem zu lenken und ihn einfach nur zu beobachten. Nur durch Ihre Aufmerksamkeit dehnt sich Ihr Atem auf natürliche Weise aus – wird ruhiger, langsamer und gleichmäßiger. Atempausen entstehen ganz von allein. Ohne, dass Sie irgendetwas dazu tun müssen.

Probieren Sie das in Ihrem Alltag – an der Supermarktkasse, bei einem Meeting, im Stau, im Wartezimmer. Beobachten Sie Ihren Atem und schauen Sie, was passiert. Wenn Sie mit diesem Schalter vertraut sind, ist die Wahrscheinlichkeit wesentlich größer, dass Sie auch im Stress daran denken und ihn bewusst nutzen.

Noch ein einfaches Rezept: Gehen Sie raus an die frische Luft – am besten ins Grüne. In der freien Natur wird Ihr Gehirn mit frischem Sauerstoff versorgt. Der Kopf wird frei und Ihr Körper schüttet vermehrt das Glückshormon Serotonin aus. Auch Ihr Immunsystem wird es Ihnen danken.

In diesem Buch soll es weniger um Übungen, Rezepte und Tipps gehen, die Sie auf dem „Anti-Stressmarkt" zuhauf finden, sondern vielmehr um ein Verständnis und eine Erweiterung Ihres Bewusstseins. Dazu schauen wir uns den nächsten Zusammenhang an, der für die Psyche eine Rolle spielt.

Das Lebenselixier Wasser

Sie haben mit Sicherheit schon *tausende* Male gehört, wie wichtig es ist, genug zu trinken. Tun Sie es? Die Rede ist hier nicht von Kaffee, Tee, Limo, Fruchtsaft, Smoothies, Bier oder Wein, sondern von stillem Wasser. Einfach nur purem Wasser.

Wenn Sie ohne Kühlflüssigkeit mit dem Auto fahren, gibt es einen kapitalen Motorschaden. So ähnlich geht es Ihrem Körper. Flüssigkeitsmangel ist für den Organismus Stress pur. Wasser ist das wichtigste Lebensmittel für Ihren Körper. Ob Sie genug trinken oder nicht, beeinflusst Ihren inneren Zustand. Der menschliche Körper besteht zu rund 75 Prozent aus Wasser. Für den Transport von Nährstoffen, Enzymen, Vitaminen, Spurenelementen etc. sowie für den Abtransport von

Gift- und Ausscheidungsstoffen braucht der Körper Wasser. Auch das Gehirn braucht unbedingt ausreichend Flüssigkeit, um optimal zu funktionieren. Wasser sorgt für die Weiterleitung von Nervenimpulsen und hilft, Stressreize zu verarbeiten. Ungünstigerweise trinken aber viele Menschen vor lauter Druck und Überlastung zu wenig. Das bedeutet noch mehr Stress. Denn der Wassermangel hat nicht nur alle möglichen unangenehmen Auswirkungen auf Ihren Körper, sondern auch auf Ihre Psyche.

Wenn Ihr Körper optimal mit Wasser versorgt ist, denken Sie klarer, fühlen sich besser, sind leistungsfähiger und regenerieren schneller.

Stilles Wasser ist glücklicherweise in unseren Breitengraden leicht verfügbar. Bei vielen kommt hochwertiges Trinkwasser sogar direkt aus der Wasserleitung. Nutzen Sie dieses einfache Wundermittel.

Sprechen wir kurz über die Menge. Mindestens 1,5 bis 2 Liter stilles Wasser sollten wir täglich trinken. So heißt die Daumenregel. Oder: mindestens 30 bis 40 Milliliter Wasser pro Kilogramm Körpergewicht. Ungesüßter Kräutertee zählt auch. Kaffee, Limo, Saft, Milch etc. nicht. Diese Menge ist allerdings für viele das untere Limit und nicht die optimale Versorgung. Was Sie tatsächlich brauchen, hängt stark von Ihrem Ernährungs- und Lebensstil ab. Wenn Sie wenig Obst, Salat und Gemüse essen oder viel schwitzen, steigt der Flüssigkeitsbedarf. Drei bis vier Liter dürfen es in dem Fall gerne sein – wenn Sie viel sporteln auch mehr. Ich empfehle Ihnen hier keine bestimmte Menge, sondern möchte Ihnen helfen, wieder zur natürlichen Weisheit Ihres Körpers zurückzufinden. In der Praxis begegnen mir nämlich auch Menschen, die literweise Wasser trinken, weil sie gehört haben, wie wichtig das ist. Zu viel ist aber leider auch nicht sinnvoll. Experimentieren Sie mit der Trinkmenge, um herauszufinden, wie viel Sie brauchen.

Der sogenannte „Pipi-Code" ist ein gutes Orientierungsmittel: Gesunder Urin besteht zu 95 Prozent aus Wasser. Man sagt ja auch „Wasser lassen". Der Urin sollte idealerweise hellgelb, klar und geruchlos sein. Ist er farblos und transparent, trinken Sie viel – und mehr als genug (übertreiben Sie es nicht). Ist der Urin hingegen eher dunkelgelb oder honiggelb, trinken Sie höchstwahrscheinlich zu wenig. Wenn Ihr Urin eine andere Farbe hat oder Sie unsicher sind, gehen Sie bitte zum Arzt. Völlig normal ist, dass der Morgenurin konzentrierter ist als der Tagesurin. Jetzt aber zu etwas Appetitlicherem.

Über Wirkung und Nebenwirkungen von Essen

Auch bei der Ernährung geraten gestresste Menschen leicht in einen Teufelskreis: Sie ernähren sich schlecht, weil sie gestresst sind – essen zu viel, zu wenig, zu einseitig, zu schnell oder hauptsächlich Junk. Durch die Stresshormone gerät außerdem die Nährstoffaufnahme ins Stocken. Folglich sind sie gestresst, weil ihnen Nährstoffe fehlen. Mangelt es beispielsweise an B-Vitaminen (B1, B2, B3, B6 und B12), leidet das Nervensystem. Und zu wenig Vitamin B, Biotin, Vitamin C und Vitamin D schlägt auf die Psyche.

Je schlechter Ihre Ernährungsgewohnheiten sind, desto eher stecken Sie in dieser Falle. Aber, was ist „schlecht" und was ist gesund? Noch nie gab es so viele Informationen zu diesem Thema wie in der heutigen Zeit. Wir werden überschüttet mit News, Ratschlägen, mehr oder weniger wissenschaftlichen Erkenntnissen, neuen Diäten, Wundermitteln & Co. Die Krux an der Sache: Nicht nur Hinz und Kunz, sondern selbst die Experten sind sich uneinig darüber, was gesund und empfehlenswert ist und was nicht. Bzw. sagen sie heute etwas völlig anderes als noch vor ein paar Monaten.

Wenn Sie sich ein wenig umhören, werden Sie beispielsweise Folgendes erfahren:

- Sie müssen Rohkost und wasserhaltige Nahrung essen.
- Sie müssen warme, gekochte Mahlzeiten essen.
- Sie müssen sich Low-Carb ernähren – Kohlenhydrate dramatisch reduzieren und stattdessen Eiweiß und Fett essen.
- Zu viel Eiweiß macht krank und zu wenig Kohlenhydrate unglücklich.
- Sie müssen weniger Fett essen.
- Wenig Fett in der Ernährung macht Sie krank, dick und dumm.
- Milch, Honig, Butter, Kokosfett etc. sind gesund.
- Milch, Honig, Butter, Kokosfett etc. sind ungesund.
- Sie brauchen Nahrungsergänzungsmittel, weil die „normale" Ernährung nicht ausreicht und zu Mängeln führt.
- Nahrungsergänzungsmittel sind unnötig, nur rausgeschmissenes Geld oder sogar schädlich.

Alles klar! Jetzt kennen Sie sich aus. Wer sich ein wenig mit Ernährung und Diäten beschäftigt, findet so viele widersprüchliche Informationen, dass man schon bald nicht mehr weiß, was richtig ist, und wo die Lösung liegt.

Als Personal Trainerin wurde ich zwischen Tür und Angel tausende Male gefragt: Was ist die richtige Art, sich zu ernähren? Was ist gesund und was ist ungesund? Welche Diät ist gut? Meine Standardantwort lautet: „Es kommt darauf an, wer fragt." *Die* richtige Art von Ernährung für alle gibt es nicht. Genauso wenig wie die richtige Art eine Beziehung zu führen, die richtige Art Geld zu verdienen, die richtige Art Spaß zu haben, die richtige Art sich zu erholen, die richtige Art gesund zu werden, die richtige Art zu wohnen oder gar die richtige Art zu leben. Es kommt darauf an, wer fragt. Und Ihre persönliche Antwort auf jede dieser Fragen wohnt in Ihnen. Da ist ein Teil in Ihnen, der weiß, was für Sie richtig ist und was nicht.

Bleiben wir bei Wechselwirkungen und Zusammenhängen und schauen wir, wie sich Ihre Ernährung auf Ihr Stresserleben auswirken kann und umgekehrt. Zur Abwechslung begeben wir uns wieder auf eine kurze Zeitreise: Bei uns im Westen halten die meisten Menschen Yoga für eine jahrtausendealte, indische Form von Gymnastik. Doch ursprünglich hatte Yoga rein gar nichts mit Fitness zu tun. Vor Tausenden von Jahren haben Yogis nicht auf einer Matte herumgeturnt und sich „verbrezelt". Sie sind vielmehr stundenlang still gesessen und haben meditiert. Schließlich war – und ist – das höchste Ziel im Yoga die Erleuchtung.

Erleuchtung ist ein so mythenumwobenes Wort. Gemeint sind damit keine „kosmischen Orgasmen" oder spektakuläre Gipfelerlebnisse, die genauso schnell wieder vergehen, wie sie kommen. Im Yoga geht es um eine dauerhafte Erhöhung des Bewusstseins – darum, in der höchsten Wahrheit sesshaft zu werden. Weniger mystisch und alltagstauglicher ausgedrückt: einen klaren, ruhigen Kopf zu haben und im Dauer-Flow zu sein.

Was das mit Ihrer Ernährung zu tun hat, fragen Sie sich vielleicht. Haben Sie jemals versucht zu meditieren, nachdem Sie sich den Bauch vollgeschlagen haben? Versucht, nach einem deftigen Mittagessen konzentriert zu arbeiten? Oder nach einer Süßigkeitenorgie oder ein paar Achterln geistig wach zu sein und klar zu denken? Ein schwieriges Unterfangen, oder?

Unsere Nahrung wirkt sich unbestritten auf unseren Körper und unser körperliches Wohlbefinden aus. Es zwickt und zwackt, wenn wir zu viel oder das Falsche gegessen haben – davon, sich rundum wohlzufühlen, energiegeladen und geistig auf der Höhe zu sein, ist keine Rede. Und auf Dauer macht die falsche Ernährung dick und / oder krank. Mehr noch:

> Die Inhaltsstoffe unserer Nahrung beeinflussen das Gehirn und wirken sich auf unser Denken, Fühlen und Handeln aus.

Einerseits schädigen „falsche“ Substanzen das Gehirn, anderseits wird es oft nicht ausreichend mit allen Makro- und Mikronährstoffen versorgt, um seine Funktion optimal erfüllen zu können. Zur Folge hat das beispielsweise Energiemangel, Antriebslosigkeit, Stimmungsschwankungen, Depressionen, innere Erregungszustände, emotionalen Stress, schwache Gedächtnisleistung oder mangelnde Konzentration. Kurz, die Substanzen in der Nahrung beeinflussen nicht nur unseren Körper, sondern auch unseren Geist. Und unser Geist formt unser Leben. Das wussten Yogis schon vor Tausenden von Jahren. Die yogische Ernährung liefert daher wichtige Hinweise auf die Wirkung von Nahrung und ihren Zusammenhang mit Stress.

Im Yoga unterscheiden wir zwischen drei Energie-Qualitäten, nach denen auch die Nahrung eingeteilt wird:

- Sattva (Reinheit, Harmonie, Leichtigkeit)
- Rajas (Aktivität, Erregung, Unruhe)
- Tamas (Trägheit, Dunkelheit)

Sattvige Nahrungsmittel

Sattvig sind Lebensmittel, die direkt aus der Natur stammen und auf natürliche Weise gereift sind, wie beispielsweise Obst und Gemüse, Kartoffeln, Hülsenfrüchte, Vollkornreis, nicht homogenisierte Milch und Milchprodukte (leider nicht im Supermarkt zu finden), Soja, Sprossen, Olivenöl, Nüsse oder Samen, möglichst in Bio-Qualität. Je frischer, desto besser.

Sattvige Nahrungsmittel wirken ausgleichend, harmonisierend und beruhigend und schenken uns Zufriedenheit, innere Balance und Ruhe.

Um energiegeladen und klar im Kopf zu sein, ist eine vorwiegend reine – sattvige – Ernährung optimal: Nahrung, die den Körper mit allen Nährstoffen versorgt, ohne ihn zu belasten, die Psyche im Gleichgewicht hält und den Geist beruhigt.

Rajasige Nahrungsmittel

Unter rajasig fällt hingegen alles, was Körper und Geist anregt. Alle „scharfen" Lebensmittel wie scharfe Gewürze und starke Kräuter, Stimulanzien wie Kaffee, Tee oder eiskalte Getränke, Fisch, Eier, Salz, Schokolade und raffinierter Zucker. Müßig zu sagen, dass Zucker in unzähligen Lebensmitteln enthalten ist, selbst da, wo wir ihn nicht vermuten, wie in vielen Brotsorten, in Sojasaucen oder sauren Gurken. Egal, was wir essen, wenn wir das Essen hinunterschlingen und schlecht kauen, ist es rajasig.

Eine gewisse Menge an rajasiger Ernährung ist durchaus gesund und anregend im positiven Sinn. Wie viel das sein kann und welche Nahrungsmittel positiv wirken, ist sehr individuell und abhängig von Ihrer Lebenssituation und Ihren momentanen Anforderungen.

Im Übermaß genossen macht rajasige Nahrung Körper, Geist und Psyche unruhig. Das heißt, innere Unruhe, emotionale Unausgeglichenheit, Ungeduld, Reizbarkeit, Ärger und Nervosität können schlicht und einfach mit Ihrer Ernährung zusammenhängen. Wenn Sie insgesamt eher gestresst und innerlich unruhig sind, experimentieren Sie einmal damit, diese Dinge ein paar Tage lang wegzulassen oder zumindest deutlich zu reduzieren. Beobachten Sie, was passiert.

Aus meiner eigenen Erfahrung: Ich trinke liebend gerne Kaffee. Allerdings hatte ich vor drei Jahren eine sehr arbeitsreiche Phase, in der ich plötzlich fünf bis sechs Espressi – kleine Schwarze – am Tag konsumierte. Ich dachte, meine seltsame innere Unruhe und Nervosität hätte damit zu tun, dass ich gefühlt zu wenig weiterbringe und mich selbst unter Druck setze. Bis mir dämmerte, dass der Kaffeekonsum einen Anteil daran haben könnte. Durch die Reduktion auf maximal zwei Tassen am Tag war der Spuk vorbei. Das war für mich ein anschauliches Beispiel dafür, wie leicht wir banale Zusammenhänge übersehen und dann woanders nach der Lösung suchen.

Unglücklicherweise greifen viele, wenn sie sich gestresst und unausgeglichen fühlen, besonders gerne zu rajasigen Nahrungsmitteln. Oder trinken Kaffee, eiskaltes Cola (das Standardaufputschmittel in meinem früheren Leben in der Werbebranche) oder Red Bull, um sich zu pushen und länger durchzuhalten. Gestresste Menschen essen außerdem meist gestresst. Nebenbei oder am Schreibtisch, im Auto oder im

Stehen. Oder schlingen das Essen schnell, schnell hinunter. Das hat Nebenwirkungen.

Tamasige Nahrungsmittel

Unreife, faulende, sterilisierte, verkochte und haltbar gemachte Lebensmittel gelten als tamasig. Sie enthalten kein Prana, keine Lebensenergie (mehr). Darunter fallen Fertiggerichte, Mikrowellenessen, Konserven und fermentierte Nahrungsmittel. Die meisten Süßigkeiten und sonstigen zuckerhaltigen Genussmittel sind tamasig. Alkohol und Tabak gehören ebenfalls zu dieser Gruppe. Und: Zu viel essen ist tamasig. Das ist einleuchtend, wenn man bedenkt, wie träge man sich nach einer Fressorgie fühlt.

Tamasige Nahrungsmittel nützen weder Körper noch Geist. Im Gegenteil, sie sind schwer verdaulich, rauben uns Lebensenergie und machen den Verstand träge.

Je mehr Nahrungsmittel dieser Art auf Ihrem täglichen Speiseplan stehen, desto wahrscheinlicher müssen Sie auf andere Weise für Ausgleich sorgen, um geistig und körperlich fit zu sein – länger meditieren, mehr schlafen, mehr Sport machen. Oder Sie müssen sich mit den Nebenwirkungen und Folgeerscheinungen ungesunder Ernährung abfinden.

Ein kleiner Selbstcheck:
Schätzen Sie grob, wie viel Prozent Ihrer Nahrung in welche der drei folgenden Kategorien fällt:
.... % reine Nahrung
.... % anregende Nahrung
.... % träge machende Nahrung
Ohne Selbstvorwürfe! Es geht nur ums Bewusstmachen.

Ich esse zum Beispiel zu einem großen Teil reine Nahrung (das war früher ganz anders), neige aber noch immer dazu, rasend schnell zu essen. Dadurch wirkt das Essen nicht mehr rein, sondern anregend, und macht tendenziell unruhig.

Außerdem können Sie im Alltag beobachten, wie Sie sich nach dem Essen fühlen:

- genährt, zufrieden, ausgeglichen, in Balance
- im positiven Sinn angeregt oder z. B. unruhig, nervös, fahrig
- träge, schwer, energielos, müde

Bei jedem Menschen wirkt Nahrung anders. Was für den einen gesund ist, muss es für den anderen noch lange nicht sein.

Vielleicht gibt es sattvige Nahrungsmittel, die Ihnen nicht guttun. Mein Körper mag Obst beispielsweise nur in Maßen. Vielleicht gibt es tamasige Nahrungsmittel, die Ihnen bestens bekommen; bekanntlich fühlen sich viele Menschen mit einer Steinzeit–Ernährung oder mit Low-Carb – also wenig Kohlenhydraten und mehr Eiweiß – sehr wohl. Andere brauchen wiederum dringend Kohlenhydrate für ihr Wohlbefinden. Experimentieren Sie!

Was für Sie richtig und gesund ist, verändert sich außerdem im Laufe des Leben, im Laufe der Jahreszeiten und manchmal im Laufe von Tagen und Stunden. Selbst eine für Sie „perfekte“ Ernährungsweise müssen Sie vielleicht eines Tages über Bord werfen. Mein Vegetarismus endete mit den folgenden Worten meines Arztes: „Sie haben Eisenwerte eines Biafra-Kindes.“ Yogi hin oder her, Fisch und gelegentlich Fleisch musste wieder auf meinen Speisezettel.

Apropos Speisezettel, in Zusammenhang mit Stress möchte ich Ihnen *fünf einfache, allgemeingültige Ernährungsrichtlinien* mitgeben:

Die „Was zum Teufel ist da drin?"-Richtlinie

Kennen Sie das Phänomen, eine Chips-Packung (oder Ähnliches) aufgemacht zu haben und nicht mehr aufhören zu können? Oder trotz guter Vorsätze immer und immer wieder einer Versuchung nachzugehen, weil es einfach so gut schmeckt?

Vor einiger Zeit las ich das Buch „Das Salz-Zucker-Fett-Komplott – Wie die Lebensmittelkonzerne uns süchtig machen". Ich bin kein Anhänger von Verschwörungstheorien. Trotzdem fand ich es *erschreckend* nachzulesen, wie die heutigen Genussmittel mit viel Forschung und Tüftelei hergestellt werden. Und zwar:

1. So, dass sie alles andere als gesund sind.
2. So, dass sie uns durch ihre Zusammensetzung und diverse Zusatzstoffe mit ihrem Geschmack, ihrer Konsistenz, ihrem Geruch etc. süchtig nach MEHR machen.

Viele Genussmittel tricksen mit ihren Inhaltsstoffen Ihr Belohnungssystem aus, verändern die chemischen Vorgänge in Ihrem Gehirn und treiben Sie förmlich dazu an, das Zeug ständig zu essen. Obwohl Sie das eigentlich nicht möchten. Obwohl Sie wissen, dass es Ihrem Körper nicht guttut. Obwohl darin keine Nährstoffe enthalten sind, die Ihr Körper braucht, und Sie das Zeug auf Dauer niemals befriedigen kann.

Richtlinie Nr. 1: Essen Sie möglichst selten Dinge, bei denen Sie nicht wissen, was drin ist. Die wertvollsten Nahrungsmittel haben kein Lebensmitteletikett. Seien Sie wählerisch bei denen mit Etikett: Je weniger Sie – als normalsterblicher Mensch ohne Ausbildung als LebensmittelchemikerIn – verstehen, welche Zutaten darin enthalten sind, desto eher lassen Sie die Finger davon. Das gilt auch für den Fall, dass Sie die E-Nummern[6] auswendig gelernt haben oder wissen, was ethoxyliertes Diglycerid, Natriumglutamat, Ammoniumsulfat oder Ähnliches sind. Diese Inhaltsstoffe haben in einem gesunden Essen nichts verloren.

Die „Mini-Zucker"-Richtlinie

Mit Richtlinie Nr. 2 mache ich mich bei vielen Menschen besonders unbeliebt: Konsumieren Sie wenig bis keinen Zucker. Keine Lebensmittel, denen Zucker zugesetzt wurde und keinen Zucker pur. Es geht nicht um den natürlichen, vollwertigen Zucker, wie er in Früchten oder Getreide enthalten ist, sondern um raffinierten, chemisch hergestellten Zucker, beispielsweise in Form von Haushaltszucker oder industriell hergestellter Fructose. Die Rede ist hier leider nicht nur von Süßigkeiten und Süßspeisen, sondern auch von gesüßten Getränken, Limonaden und Fruchtsäften, von Fruchtjoghurts und Milchfruchtgetränken, gezuckerten Cerealien oder Mahlzeiten, die fast ausschließlich aus isolierten Kohlenhydraten bestehen wie Pizza, Weißbrot, Pommes & Co. Nicht zu vergessen ist der versteckte Zucker, wie beispielsweise in Ketchup, Essiggurken oder Balsamico. In geschätzt 75 % aller abgepackten Lebensmittel ist die süße Versuchung enthalten.

In geringen Mengen ist der Konsum von Zucker unbedenklich. Zu viel Zucker ist ungesund. Das weiß mittlerweile jeder. Aber viele wissen das, können aber einfach nicht aufhören damit und essen – auch noch mit schlechtem Gewissen – viel zu viel davon. Warum?

Die Vorliebe für Süßes ist angeboren und schon die Muttermilch hat einen süßlichen Geschmack. Vielen Menschen gelüstet es nach etwas Süßem, insbesondere wenn sie sich gestresst, überfordert, emotional angeschlagen oder müde fühlen. Das ist ein natürliches Verlangen, denn der süße Geschmack in Lebensmitteln erdet, stärkt, harmonisiert und entspannt den ganzen Organismus. Wir sprechen von natürlicher Süße. Das bedeutet Nahrung wie Karotten, Kürbis, Früchte, Birnen, Himbeeren, Hirse oder Ähnliches (alles natürliche, sattvige Nahrungsmittel). Das angeborene Verlangen des Körpers nach Süßem lässt sich mit diesen Nahrungsmitteln stillen.

Fast jeder Süß-Esser und alle Schokoladen-Junkies werden jetzt verächtlich die Nase rümpfen. Wer seinen Körper an zuckerhaltige Genussmittel gewöhnt hat, empfindet den natürlich süßen Geschmack von Nahrungsmitteln nicht mehr als süß. Der Körper verlangt nach mehr.

Zucker, am besten in Kombination mit Fett, aktiviert das Belohnungssystem im Gehirn und bewirkt, dass bestimmte Botenstoffe freigesetzt werden, die für Wohlbefinden sorgen. Zuckerhaltiges Zeug macht Sie also kurzfristig glücklicher. Sie können sich damit belohnen und Ihre Stimmung vorübergehend heben. Je öfter Sie das tun, desto mehr sitzen Sie allerdings in der Falle: Ihr Gehirn wird nach dieser Belohnung verlangen und Heißhunger nach Süßem auslösen. So wie ein Raucher das dringende Verlangen nach einer Zigarette hat, das ein Nichtraucher gar nicht erst verspürt. Mit Disziplin und Willenskraft bekommen Sie dieses Verlangen nicht in den Griff. Der Körper ist stärker. Dabei spielt auch der Blutzucker eine entscheidende Rolle.

Nehmen Sie Lebensmittel zu sich, die rasch viel Zucker ins Blut bringen wie Weißmehlprodukte, Schokolade, Cola & Co, schüttet Ihre Bauchspeicheldrüse vermehrt Insulin aus, um die Zuckermoleküle schnell wieder aus dem Blut zu holen. Das bedeutet, Ihr Blutzucker sinkt rasch. Nachdem ein niedriger Blutzuckerspiegel für Ihr Gehirn Stress bedeutet (das Gehirn ist auf Zucker als Energiequelle angewiesen), zwingt es Sie, die Situation wieder in Ordnung zu bringen. Sie bekommen so einen Heißhunger, dass Ihre Willenskraft und guten Vorsätze keine Chance mehr haben. Sie haben den unkontrollierbaren, unwiderstehlichen Drang, etwas Ungesundes zu essen. Diese Art von Heißhunger lässt sich nicht mit einem Apfel oder einer Karotte stillen.

Leider verursacht zu viel Zucker nicht nur Übergewicht und Gesundheitsprobleme, sondern schlägt auch auf Geist und Gemüt. Kurzfristig macht er zwar glücklich. Durch die Veränderung der Blutzuckerwerte kann er jedoch zu starken Stimmungsschwankungen, Gereiztheit und Nervosität bis hin zu Ängsten und Depressionen führen. Hoher Zuckerkonsum steht außerdem oft in Zusammenhang mit schlechter Konzentration, innerer Unruhe und Zerstreutheit. Die meisten Menschen denken dann, dass irgendetwas mit ihrem Leben oder mit ihnen selbst nicht in Ordnung ist. Zerbrechen sich über alles Mögliche und Unmögliche den Kopf, was sie nicht tun, verändern und verbessern müssen.

Weil sie sich schlecht fühlen und keine bessere Lösung verfügbar ist, um die Stimmung zu heben, greifen sie wiederum zu den Lebensmitteln, die zwar eine kurzfristige Erleichterung schaffen, aber in Wahrheit das Problem überhaupt erst verursachen oder zumindest stark mitverantworten.

Sollten Sie ein Zucker-Junkie sein, ist Ihnen jetzt hoffentlich klarer, warum die Versuchung so groß ist. Solange Sie Zucker konsumieren, haben Sie ein unwiderstehliches Verlangen danach. Sie brauchen eine Entwöhnungszeit, damit Sie erkennen können, dass dieses Genussmittel vielleicht nicht ganz so toll ist, wie es zu sein scheint.

Bei der Entwöhnung treten manchmal Entzugserscheinungen wie Kopfschmerzen, heftiges Verlangen, Stimmungsschwankungen, Unruhe, Nervosität oder Müdigkeit auf. Unser Hirn ist bestrebt, „Unangenehmes" zu vermeiden. Bei einer Entwöhnung müssen wir aber manchmal kurzfristig (!) Unangenehmes in Kauf nehmen, um uns langfristig besser zu fühlen. Wenn Sie so einen Prozess als „Befreiungs- und Reinigungszeit" sehen, wird es Ihnen leichter fallen, das in Kauf zu nehmen. Bei einem grippalen Infekt halten Sie die Symptome aus. Sie wissen, dass sie vorübergehen und zum Heilungsprozess gehören. So ist es auch mit den Zucker-Entzugserscheinungen. Schon bald verlangt Ihr Körper immer weniger nach zuckerhaltigen Lebensmitteln und es erfordert keine Disziplin mehr, darauf zu verzichten.

Die „High-Quality"-Regel

Richtlinie Nr. 3: Greifen Sie möglichst oft zu qualitativ hochwertigen Nahrungsmitteln. Bio, frisch, vom Bauern, vom Baum, aus dem Garten etc.

Ich bin immer wieder erstaunt, wie köstlich die frischen Eier vom Bauernhof sind. Wie intensiv die Tomaten aus Omis Garten oder die Erdbeeren aus dem Erdbeerland schmecken und wie fad und „leer" im Vergleich dazu die Versionen aus den spanischen Gewächshäusern.

Wenn Sie Fleisch essen, seien Sie besonders wählerisch, und essen Sie nur Tiere, die selbst gut gegessen und gelebt haben. Haltungsbedingungen und die Lebensqualität der Tiere wirken sich unmittelbar auf die Qualität des Fleisches aus. Auch die Gefühle und Empfindungen der Tiere sind energetisch im Fleisch gespeichert. Mit Medikamenten vollgestopfte, unter grausamen Bedingungen gehaltene und schließlich zu Tode gequälte Tiere leisten garantiert keinen positiven Beitrag zu einer gesunden Ernährung und einem klaren Kopf. Der Stress der Tiere wird zu Ihrem Stress. Das gilt letztlich für alle tierischen Produkte.

Qualitativ hochwertige, frische Nahrungsmittel einzukaufen ist aufwendig – vor allem wenn Sie in der Großstadt leben – und oft ein teurer Spaß: Qualität hat ihren Preis. Setzen Sie diese Richtlinie im Rahmen Ihrer Möglichkeiten um. Denken Sie dabei daran, dass diese hochwertigen Lebensmittel mehr Nährstoffe enthalten und Ihren Körper besser versorgen und zufriedenstellen. Davon profitieren auch Ihre Psyche und Ihr Geist.

Die „Mehr oder weniger Fett"-Richtlinie

Zu viel Fett ist schlecht, hören wir oft. Lange Zeit dachte ich, dass ich mich unbedingt sehr fettarm ernähren muss, um schlank und gesund zu sein. Wenn Sie es wie ich machen und Fett an allen Ecken und Enden einsparen, sitzen Sie in der nächsten Falle. Das *richtige* Fett ist gesund und lebensnotwendig – vor allem auch für Ihr Gehirn. Bei einem Fettmangel sind die Nerven dünn wie Zahnseide. Konzentrationsstörungen, Erschöpfung oder Depressionen können sich breitmachen.

Die idealen Fettlieferanten sind Nüsse, Samen, Avocados, Fisch, Eier sowie kaltgepresste Öle. Was Sie bei einer für Körper, Seele und Geist gesunden Ernährung allerdings reduzieren sollten, sind die schlechten Fette. Viele schlechte Fette verstecken sich in Fertigprodukten, in Fast Food und Süßigkeiten. Wenn Sie die vorangegangen Richtlinien so gut wie möglich beachten, sind Sie beim Fett schon auf der richtigen Spur.

Wenn Sie regelmäßig fettes Fleisch, Schokolade, Chips, Pommes, Mayonnaise und Ähnliches essen, dann ist es gesund für Sie, Fett zu reduzieren bzw. durch gutes Fett zu ersetzen. Wenn Sie hingegen auf Ihren Salat höchstens ein paar Tröpfchen Öl träufeln und sich Nüsse, Avocados, fetten Fisch & Co verbieten, weil das angeblich dick macht, dann holen Sie diese Dinge bitte wieder auf Ihren Speisezettel. Diese Art von Fett verbessert nicht nur Ihre körperliche Gesundheit, sondern auch Ihre Denkleistung und Ihre Konzentration, und hilft Ihnen, stressresistenter zu sein und stärkere Nerven zu haben.

Die „Alkohol in wohldosierten Maßen"-Richtlinie

Zu guter Letzt noch ein Wort zum Alkohol. Ob ein Gläschen Wein oder ein Bier am Tag unbedenklich oder sogar gesundheitsfördernd und lebensverlängernd ist, darüber streiten sich die Geister. Einigen wir uns auf Richtlinie Nummer 6: Trinken Sie Alkohol nur in wohldosierten Maßen. Je mehr Stress Sie haben, desto weniger.

Viele Menschen nutzen alkoholische Getränke, um sich zu entspannen, runterzukommen und abschalten zu können. Sie sind ein angenehmes und leicht verfügbares Anti-Stressmittel, um sich von der Last des Alltags ein wenig zu befreien. Kein Wunder, Alkohol hat eine dämpfende Wirkung und mindert die Ausschüttung des Stresshormons Cortisol. Gleichzeitig werden die zwei Glückshormone Dopamin und Endorphin vermehrt freigesetzt. So entsteht das Gefühl, dank Alkohol Stress und belastenden Gedanken entfliehen zu können. Ein trügerisches Gefühl, das nur wenige Stunden anhält. Dann ist er wieder da, der Stress – und der Körper braucht durch den Alkoholkonsum deutlich länger, um ihn abzubauen. Der Versuch, Sorgen und Stress mit dem ein oder anderen Drink loszuwerden, verschlimmert Ihre Situation. Ihr Kopf wird Ihnen allerdings etwas anderes erzählen. Durch die kurzfristige Erleichterung, die nach den ersten Schlucken einsetzt, wird Alkohol und Entspannung gedanklich und emotional miteinander verknüpft. Alkohol bekommt quasi das Etikett „angenehm" und „entspannend". Schon wollen Sie mehr davon. Ähnlich wie beim Zucker. Je öfter Sie sich ein Gläschen gönnen, um runterzukommen, desto mehr verlangt Ihr Körper danach. Die Wahrscheinlichkeit ist groß, dass aufgrund des Gewöhnungseffekts die Menge zunimmt. Außerdem haben Sie die ganze Latte an unangenehmen und schädlichen Nebenwirkungen von zu hohem und regelmäßigem Alkoholkonsum am Hals. Auch wenn es anders zu sein scheint: Alkohol ist ein denkbar schlechtes Anti-Stressmittel.

Genug der Richtlinien. Es geht hier nicht um Vorschriften, sondern um ein Verständnis für die Zusammenhänge und Wechselwirkungen. Besonders bei Nahrungsmitteln, die Sie häufig und in größeren Mengen zu sich nehmen, sollten Sie sich über Wirkung und unerwünschte Nebenwirkungen bewusst sein. Sonst zerbrechen Sie sich den Kopf über Ihre psychische und geistige Verfassung und übersehen die Rolle, die Ihre Ernährung dabei spielt. Das ist in etwa so, als würden Sie Salatöl in den Tank schütten, und rätseln, warum Ihr Auto nicht fährt.

Sollten Sie etwas verändern wollen, fangen Sie mit kleinen Dingen an und überfordern Sie sich nicht. Viele Menschen, die versuchen, zu 100 % „perfekt" zu essen, stressen sich selbst mit dem Thema, und das ist ebenso kontraproduktiv. Außerdem schlägt das Pendel leicht in die andere Richtung aus, wenn wir uns die Latte zu hoch legen: Regelverstöße, Sünden und Fressanfälle sind die Folge. Wenn der Großteil Ihrer Ernährung gesund ist, können Sie den „ungesunden" Rest vollkommen entspannt genießen.

Nicht zu vergessen: Es kommt nicht nur darauf an, was Sie essen, sondern auch wie.

Wenn Sie ständig im Stress sind und alles in sich hineinschlingen, ist kein Essen der Welt gesund. Sich Zeit lassen und langsam essen, was und wo auch immer das ist, ist in dem Fall schon einmal ein guter Anfang. Außerdem gibt es auf der subjektiven Ebene weitere Einflussfaktoren, die mit Ihrer inneren Befindlichkeit in Zusammenhang stehen. Der nächste wirkt so wie der Atem binnen Minuten.

Haltung bewahren und lächeln

Auf Seminaren von Anthony Robbins[7] springen phasenweise hunderte Menschen jubelnd in die Luft, klatschen, trommeln sich auf die Brust, tanzen durch die Gegend, schreien „Yes" oder brüllen sich etwas von der Seele. Solche Massenevents mit kollektiven Emotionsausbrüchen entsprechen zwar nicht meinem Geschmack, aber das Ganze hat einen Effekt: Durch eine Veränderung der Körperhaltung und der Körpersprache verändert sich der innere Zustand. Und das funktioniert auch, wenn Sie mit sich allein sind.

Wer niedergeschlagen ist, sackt in sich zusammen. Wollen Sie sich deprimiert fühlen, brauchen Sie nur lang genug Schultern und Kopf hängen lassen, den Rücken leicht beugen und den Blick zum Boden senken. Dann setzen Sie noch einen möglichst erstarrten Gesichtsausdruck mit heruntergezogenen Mundwinkeln auf und atmen flach. Es wird nicht lange dauern, bis Sie sich tatsächlich niedergeschlagen fühlen. Wenn Sie sich wieder aufrichten, Ihre Schultern leicht nach hinten und unten ziehen und mit erhobenem Blick tief, ruhig und gleichmäßig atmen, verbessert sich Ihr Zustand unweigerlich. Probieren Sie es gleich selbst aus.

Nehmen Sie zum Abschluss dieses Experiments eine Haltung ein, in der Sie sich entspannt und glücklich fühlen. Sollten Sie nicht wissen, wie das geht, denken Sie an eine Situation in Ihrem Leben, in der Sie sich so gefühlt haben, und lassen Sie Ihren Körper die entsprechende Haltung einnehmen. Testen Sie, wie sich das anfühlt. Fakt ist:

> Ihre Körperhaltung, das Spannungsmuster in Ihrer Muskulatur, Ihre Mimik und Ihre Atmung wirken sich unmittelbar auf Ihre Gedanken und Gefühle aus.

Die Wirkung ist physisch nachweisbar. Die Sozialpsychologin Dr. Amy Cuddy[8] gewährt in ihrem Ted Talk „Ihre Körpersprache beeinflusst, wer Sie sind“ Einblicke in die Wissenschaft der „Body-Mind-Connection“, die das Zusammenwirken und die Zusammengehörigkeit von Körper, Geist und Psyche untersucht. Sie erzählt, wie das Einnehmen von bestimmten „Macht-Posen“ – wie etwa in die Hüften gestemmten Armen, einem breiten Stand und einer offenen Körperhaltung – Selbstbewusstsein hervorruft. Selbst dann, wenn Sie sich zunächst nicht selbstbewusst fühlen. Schon zwei Minuten in einer bewusst eingenommen Macht-Pose führen nachweislich zu einer hormonellen Veränderung im Körper – auch zu einer signifikanten Reduktion des Cortisolspiegels. Nachweislich weniger Stress, nur weil Sie zwei Minuten anders stehen. Erstaunlich, oder?

Einen ähnlichen, ebenso schnellen Effekt können Sie erzielen, wenn Sie Ihre Gesichtsmimik verändern. Wenn wir lachen, bremst das Gehirn die Produktion von Stresshormonen und schüttet verstärkt Serotonin aus. Wer viel lacht, ist glücklicher und weniger gestresst. Vielleicht haben Sie in Ihrem Leben gerade wenig zu lachen und können in Ihrer Situation nichts Komisches entdecken. Doch um diesen positiven Effekt zu erzielen, ist es egal, warum Sie Ihre Mundwinkel hochziehen. Ihr Gehirn unterscheidet nicht zwischen einem echten und einem künstlichen Lachen. Auch eine aufgesetzte fröhliche Miene kann Ihre Stimmung heben. Im Notfall können Sie sich für 60 Sekunden einen Stift zwischen die Zähne klemmen und sich zum Lächeln zwingen. Ihr Gehirn wird reagieren. Wenn Ihre Gesichtsmuskeln Richtung Nase wandern, werden Nervenpunkte aktiviert, die zur Ausschüttung von Glückshormonen führen. Probieren Sie es gleich aus: Lächeln Sie! Ja, auch wenn Ihnen gerade gar nicht danach zumute ist. Selbst, wenn sich das total komisch anfühlt. Los geht's: Breit grinsen, bitte!

Lachen ist ein Anti-Stress-Mittel. Wir sind weniger stressanfällig, wenn wir das Leben mit Humor nehmen. „Beim Lachen denken wir nicht“, sagte einmal einer meiner Yogalehrer. Seither versuche ich zu überprüfen, ob das stimmt. Durch das Lachen werden die Gedanken jedenfalls unterbrochen; es lockern sich also nicht nur die Gesichtsmuskeln, sondern auch die Gedankenmuster. Kurz gelacht und nicht nachgedacht, zack, glücklich. Lachen – herzhaft lachen – löst außerdem innere Anspannung. Apropos Spannung.

Zu viel Spannung im System

Unter Stress spannen sich unsere Muskeln an. Der Körper macht sich bereit, zu kämpfen oder zu fliehen. Sobald die Aufregung vorbei ist, lässt er alle unnötige Anspannung los und findet wieder in einen entspannten, lockeren, aktionsbereiten Zustand. Im Idealfall sind die Phasen der Spannung wesentlich kürzer als die Phasen der Entspannung. So ist es gedacht.

> Der Körper strebt von Natur aus nach einem gesunden Gleichgewicht.

Das können Sie wiederum selbst überprüfen. Lenken Sie Ihre Aufmerksamkeit auf Ihren Körper und fragen Sie sich: „Kann ich jetzt innere Spannung loslassen?"

So banal das klingt, meist reicht diese Frage aus, damit sich Ihr Körper merklich entspannt. Soweit das jetzt möglich ist. Meist wird auch der Atem automatisch tiefer und ruhiger.

Jetzt ist es aber so, dass viele Menschen ständig im Stress sind und der Körper nicht dazu kommt, loszulassen. Die Spannung bleibt im System stecken. Aus diesem Grund sind Rückenschmerzen und ein verkrampfter Nacken ein Klassiker bei anhaltendem Stress. (Spüren Sie gleich in Ihren Nacken, in Ihre Schultern und Ihren Rücken und fragen Sie Ihren Körper, ob es nötig ist, die Spannung zu halten, oder ob er auch loslassen könnte.)

Bleibt die Spannung im Körper, entsteht wiederum ein Teufelskreis: Wir fühlen uns wesentlich leichter gestresst, wenn der Körper angespannt ist. Selbst dann, wenn es in Wahrheit keinen Grund dafür gibt.

Machen wir den nächsten Test:
Stehen Sie bitte auf, stellen Sie sich hüftbreit hin und beugen Sie sich mit Ihrem Oberkörper langsam nach unten, bis Sie mit den Händen den Boden berühren. Lassen Sie dabei die Beine gestreckt. Los geht's und bis gleich.

Im Yoga heißt diese Haltung Uttanasana – die stehende Vorbeuge. Während einige bei dieser Übung zusammenklappen wie ein Taschenmesser, kommen viele mit den Händen nicht zum Boden – zumindest nicht ohne die Beine zu beugen. Als ich vor 19 Jahren mit Yoga begann, war bei mir knapp unter Kniehöhe Schluss. Ehrlich, ich konnte mich keinen Millimeter weiter vorbeugen, weil meine Oberschenkelrückseiten so dermaßen verkürzt waren. Damals war ich anatomisch schon so weit informiert, um zu wissen, dass das für meinen Rücken und für meine Bandscheiben problematisch ist. Doch erst durch die Beschäftigung mit der Traditionellen Chinesischen Medizin wurde mir bewusst, wie sehr sich das auch auf meinen inneren Zustand auswirkt. Die chinesische Philosophie betrachtet Körper, Geist und Seele als ganzheitliche Einheit. Jedes Organ und jeder Muskel hat nicht nur eine physiologische Funktion, sondern auch ein psychologische. So steht beispielsweise die Milz in Zusammenhang mit Grübeln und Sorgen, die Leber mit Wut und die Niere mit Angst.

Aber zurück zu den Beinrückseiten: Der sogenannte Blasenmeridian verläuft beidseitig neben der gesamten Wirbelsäule entlang über das Gesäß und die Rückseite der Beine zur Außenkante des Fußes bis zur kleinen Zehe. Spannung in diesem Bereich – also auch Spannung in den Beinrückseiten – führt zu einer Beeinträchtigung des Energieflusses im Blasenmeridian, der mit den Themen „Loslassen“ und „Entspannen“ zu tun hat. Chronisch angespannte und verkürzte Beinbeuger tragen dazu bei, dass die innere Unruhe zunimmt, vermehrt Ängste auftauchen und es schwer fällt, einfach abzuschalten und zur Ruhe zu kommen.

Unzählige Menschen in unserem Kulturkreis haben verkürzte Beinrückseiten. Sei es durch das ständige Sitzen und geistige Anspannung. Sei es durch seelische Traumata und belastende Erfahrungen. Oder sei es durch Sport. Vor allem Stop-and-go-Sportarten wie Tennis oder Fußball, aber auch Laufen und Radfahren führen auf Dauer zu Verkürzungen. Je nach muskulärem Grundtonus passiert das bei manchen Menschen schneller und bei anderen etwas langsamer.

Was heißt das? Indem Sie im Alltag bewusst kleine Korrekturen in Ihrer Körperhaltung, Ihrer Mimik und in Ihrer Atmung vornehmen und öfter lachen, können Sie schon einiges bewirken. Wenn in Ihrem Körper allerdings Verspannungen sitzen, manche Muskeln zu schwach, andere verkürzt und Faszien verklebt sind und Sie sich eine Fehlhaltung antrainiert haben – egal ob durch stundenlanges Sitzen am Schreibtisch, Stress, Verletzungen, psychische Belastungen, zu wenig oder einseitige Bewegung – dann helfen zwei Minuten lächeln oder zwei Minuten Macht-Pose langfristig reichlich wenig. Wenn ständig Stresshormone in Ihrem Körper herumschwirren, brauchen sie ein Ventil. Und in manchen Fällen ein gezieltes Training bzw. eine Dehnung Ihrer Muskulatur, um innere Spannungszustände abzubauen und Fehlhaltungen und muskuläre Dysfunktionen zu korrigieren

Wie Bewegung hilft

Sport ist der beste Stresskiller, heißt es. Eine Aussage, die fast jeder Sportfan bestätigt. Es fühlt sich großartig an, wenn sich der aufgestaute Stress und die innere Anspannung bei einer Runde Laufen an der frischen Luft, beim Training im Fitnesscenter, bei einem Fußballspiel oder sonst einer sportlichen Aktivität in Luft auflöst und der Kopf wieder frei wird. Neben dieser kurzfristigen Wirkung hat regelmäßiger Sport außerdem langfristig den Effekt, dass wir mit Stress besser umgehen können und grundsätzlich stressresistenter sind.

Während die Augen der Sportler leuchten, wenn ich das Thema auf den Tisch bringe, sehe ich mindestens genauso oft einen gequälten Gesichtsausdruck und ein schlechtes Gewissen. Schließlich gibt es genügend Menschen, die sich aus irgendeinem Grund nicht zum Sport aufraffen können. Sei es, weil sie bekennende Sportmuffel sind. Sei es, weil sie einfach zu müde und erschöpft sind, um sportlich aktiv zu werden. Oder sie haben in ihrem Alltag ohnehin schon so viel um die Ohren, dass für ein Sportprogramm keine Zeit bleibt. Sei es, dass sie zu dick sind oder sich zu dick fühlen für den Sport, den sie gerne machen würden. Sei es, dass sie gesundheitliche Probleme daran hindern. Gründe gibt es jedenfalls viele.

Die gute Nachricht für alle Nicht-Sportler: Sport muss nicht sein. Bevor Sie sich zu früh freuen: Bewegung ist notwendig für Ihren Körper. Nicht nur, wenn es um Stress geht. Sie brauchen regelmäßige Bewegung, damit Sie gesund und leistungsfähig sind und Ihr ganzer Organismus richtig funktioniert. Das gilt für alle Ihre Organe und Funktionskreisläufe – unter anderem auch für Ihren Stoffwechsel und Ihre Verdauung.

Bewegung liegt in unseren Genen. Bis vor kurzer Zeit war die Beschaffung von Nahrungsmitteln nur durch körperliche Aktivität möglich. Sammeln und Jagen und später dann Feldarbeit, Tierzucht usw. Es gab noch keinen Supermarkt, keine Fast-Food-Läden und Restaurants an jeder Ecke. Wir sind nicht den ganzen Tag am Schreibtisch gesessen, nicht Auto, Lift und Rolltreppe gefahren und auch nicht am Abend vorm Fernseher versumpft. In der heutigen Zeit ist es möglich, sich im Alltag kaum zu bewegen. Und das ist verheerend. Zumindest dann, wenn Sie sich in Ihrem Körper wohlfühlen und gesund sein wollen.

> Bewegung sorgt dafür, dass der Stresspegel sinkt und die innere Spannung abgebaut wird, die sonst in Ihrem Körper steckt.

Sie sparen sich so viel Grübelei – Sie erinnern sich, der Kopf versucht sonst, den Druck durch Denken loszuwerden. Und Sie müssen auch nicht essen, Alkohol trinken oder zu sonstigen Mitteln greifen, um runterzukommen und Ihren Stress loszuwerden. Sie sind von Haus aus ausgeglichener und entspannter, wenn Sie sich genügend bewegen.

Fehlt hingegen ausreichend Bewegung, verlieren Sie leicht den Bezug zu Ihrem „Vehikel", mit dem Sie durchs Leben gehen und durch das Sie sich ausdrücken. Viele Menschen haben ohnehin schon ein schlechtes Verhältnis zu ihrem Körper – sind unzufrieden mit ihm, lehnen ihn ab und überschütten ihn mit negativen Gedanken. Abgesehen davon, dass das Stress verursacht, schneiden sie sich so von der unglaublichen Weisheit ab, die in ihrem Körper wohnt. Bewegung hilft, die Beziehung zum eigenen „Gefährt" zu verbessern. Sich zu spüren. (Ja, das kann anfangs ein wenig unangenehm sein und Überwindung kosten.) Bewegung hilft auch, wieder wahrzunehmen, wann Sie Erholung brauchen oder welche Nahrung Ihnen wohl bekommt. Ihr Körper strebt auf natürliche Weise nach Gesundheit, wenn Sie ihn lassen und auf ihn hören.

Der springende Punkt: Finden Sie eine Art von Bewegung oder eine sportliche Aktivität, die Ihnen liegt und Freude macht. In vielen Jahren als Fitness-Trainerin habe ich immer wieder beobachtet, wie sich Menschen zum Sport und zum Training quälen und sich aus schlechtem Gewissen, Schuldgefühlen, Selbsthass, Selbstbestrafung oder aufgrund der Anzeige auf der Waage zu einer körperlichen Aktivität zwingen, von der sie *denken*, sie wäre gut. Von Freude daran keine Rede. Das ist ein Schuss ins Knie und bringt nur weiteren Stress ins System.

Das gilt auch für viele Fitness-Junkies und Sport-Freaks, die ihr Training so intensiv gestalten, dass sie dadurch keine Stresshormone abbauen, sondern sich noch mehr unter Stress setzen. Oft sind es ausgerechnet die Menschen, die ohnehin schon den ganzen Tag unter Strom stehen, die beim Sport übertreiben. Die dann beispielsweise auch noch exzessiv laufen gehen, beim Spinning Vollgas geben, Asthanga- oder Power-Yoga machen. Manche bis zum Ausbrennen oder Umfallen. Denn irgendwann kommen der Körper und der Geist nicht mehr mit.

Damit das klar ist: Ein Sportprogramm darf durchaus intensiv, anstrengend und herausfordernd sein. Es gibt Menschen, die lieben es, sich beim Training ein wenig zu quälen und an ihre Grenzen zu gehen. Das kann für den Körper absolut in Ordnung sein; sofern sowohl Freude und Spaß als auch genügend Regeneration und Erholung mit am Programm stehen.

Ein guter Anfang ist eine Art von Bewegung, die …

- Ihnen guttut,
- für Sie machbar ist,
- Ihnen hilft, sich in Ihrem Körper wohlzufühlen,
- Sie zum Strahlen bringt
- oder Ihnen einfach Spaß macht.

Gehen Sie in der Natur spazieren oder walken, legen Sie sich zu Hause Musik auf und tanzen Sie oder beginnen Sie einen Tanzkurs, fahren Sie mit dem Fahrrad oder mit Rollerblades, machen Sie Yoga oder gehen Sie in ein Fitnesscenter und suchen Sie sich die Stunden aus, die Ihnen gefallen. Gehen Sie schwimmen, joggen oder einfach viel mehr zu Fuß. Was auch immer. Finden Sie die Art von Bewegung, die Ihnen, Ihrem Charakter, Ihren Bedürfnissen und Ihrer momentanen Leistungsfähigkeit entspricht und bauen sie diese regelmäßig in Ihren Alltag ein. Ihr Körper wird es Ihnen danken und Sie kommen raus aus dem destruktiven Denken und rein in konstruktives Tun. Damit genug zur Bewegung, kommen wir zum entspannenden Ausgleich.

Besser schlafen

Eine Daumenregel sagt: Sieben bis neun Stunden sind die optimale Schlafdauer für Erwachsene. Entscheidend ist aber, wie Sie sich *fühlen*. Manche kommen mit sechs Stunden aus, andere brauchen zehn.

Sie schlafen zu wenig? Falls Sie schlecht drauf sind, sich nicht wohlfühlen, auf nichts richtig Bock haben, schon gar nicht auf Sport, und Sie zu negativen Gedanken und Grübeleien neigen, wundern Sie sich nicht. Ihnen fehlt Energie. Und das ist vergleichsweise noch harmlos.

Eine Vielzahl körperlicher und geistiger Probleme kann die Folge eines Schlafdefizits sein.

Manchmal entsteht hier leider wiederum ein Teufelskreis. Stress verursacht oft Schlafprobleme und Schlafmangel macht wieder stressanfälliger. Sagen wir, Ihr Job macht Ihnen so sehr zu schaffen, dass Sie kaum mehr zur Ruhe kommen und Schlafstörungen haben. Das Gedankenkarussell läuft auf Hochtouren, sobald Sie im Bett liegen. Weil Sie nie genug Schlaf bekommen, sind Sie ständig müde und erschöpft und Ihr Job macht Ihnen noch mehr zu schaffen. Und weil Sie wissen, wie wichtig der Schlaf für Sie ist, sind Sie nicht nur wegen Ihres Jobs, sondern auch noch wegen Ihrer Schlafprobleme verzweifelt. Um Ihr Gedankenkarussell kümmern wir uns später noch. An dieser Stelle ein paar Zusammenhänge und simple Hinweise für einen besseren Schlaf.

Computer, Handy & Co

Haben Sie das schon erlebt: Sie sind hundemüde, setzen sich aber noch kurz vor den PC, um zu arbeiten, einen Bericht zu lesen oder auf Facebook herumzusurfen. Schwupps, die lähmende Müdigkeit ist wie weggeblasen. Dann legen Sie sich ins Bett und liegen wach … laaange wach. Das Blaulicht Ihres PCs, das Ihnen gar nicht auffällt, hat an Ihre Zirbeldrüse gemeldet: Wach bleiben! Und die hält sich daran.

Selbst, wenn Sie die Auswirkungen nicht gleich bemerken und sofort einschlummern, geht das auf Kosten Ihrer Schlafqualität. Der Erholungseffekt Ihres Schlafes nimmt ab. Ihre Müdigkeit und Ihr Stressempfinden steigen. Ihre Leistungsfähigkeit und Ihre Produktivität sinken. Arbeiten bis kurz vorm Schlafengehen ist generell nicht empfehlenswert, aber in

Kombination mit Blaulicht besonders ungünstig. Je früher Sie vor dem Schlafengehen aufhören, Ihre elektronischen Geräte zu benutzen, desto besser: idealerweise drei Stunden vorher.

Wenn ich das sage, schauen mich viele an, als lebte ich hinterm Mond. Drei Stunden ohne Handy, Computer & Co klingen für manche Ohren utopisch. Ehrlicherweise schaffe ich die drei Stunden Abstinenz selbst oft nicht. Aber: Wenn ich nicht ganz fit bin, mich schlapp fühle oder aus sonst einem Grund dringend erholsamen Schlaf brauche, halte ich mich eisern an diese Regel. Falls Sie Probleme haben, zur Ruhe zu kommen und seligen Schlaf zu finden oder ständig müde sind, lege ich Ihnen diese drei Stunden für eine Weile dringend ans Herz.

Vielleicht arbeiten Sie so wie ich gerne am Abend. Vielleicht bleibt Ihnen nichts anderes übrig, als Ihre Arbeit aus dem Büro mitzunehmen und bis in die Dunkelheit weiterzuwerken. Oder Sie müssen Ihre Mails vor dem Schlafengehen unbedingt noch checken und Dringendes sofort beantworten. Was dann?

1. Blaulicht dimmen: Manche Schlafexperten empfehlen, zu später Stunde die Helligkeit am Bildschirm herunterzuregeln. Das mögen meine Augen nicht. Wahrscheinlich schon allein deshalb, weil ich als Kind immer gehört habe: „Lies nicht im Dunkeln. Du ruinierst dir deine Augen."
   Eine andere Option ist, den Blaulicht-Anteil zu dimmen. Moderne Betriebssysteme haben einen Blaulichtfilter; im sogenannten „Night Shift"-Modus werden die Displayfarben bei Dunkelheit automatisch auf ein wärmeres Farbspektrum eingestellt. Aber auch die Software „f.lux", die es im Internet gratis zum Download gibt, passt die Monitor-Farbtemperatur automatisch der Tageszeit an. Somit verschwindet das Blaulicht-Problem am Abend von allein.

2. Die 30-Minuten-Regel: Wenn die empfohlene Drei-Stunden-Abstinenz unmöglich ist, halten Sie sich zumindest an die 30-Minuten-Regel: Nutzen Sie 30 Minuten vor dem Zubettgehen KEINE elektronischen Geräte. Schenken Sie Ihrem Körper und Geist diese Zeit, um zur Ruhe zu kommen.
   Nein, Fernsehen ist auch nicht ideal! Das ist zwar laut Forschung weniger ungünstig als Computer & Co, aber auch nicht förderlich für Ihren Schlaf und Ihre Erholung. Lesen Sie zum Entspannen lieber ein Buch, hören Sie leise Musik, nehmen Sie ein Bad, meditieren Sie eine Runde oder trinken Sie genüsslich eine Tasse Schlaftee.

Essen & Schlafen

Was und wie viel Sie essen – vor allem am Abend – hat natürlich einen Einfluss auf die Schlafqualität. Esse ich zu viel, schlafe ich schlecht und unruhig. Gehe ich hungrig ins Bett, schlafe ich gar nicht. Der eine verträgt den Espresso nach dem Abendessen, der andere liegt dagegen die halbe Nacht wach. Bei manchen Menschen führt der Verzehr von tyraminreichen Lebensmitteln zu schlechtem Schlaf. Der „Wachmacher" Tyramin steckt zum Beispiel in reifen und stark fermentierten Käsesorten (wie Bergkäse, Camembert, Brie Gouda, Mozzarella, Parmesan und Roquefort), in Leber, in eingesalzenen, geräucherten oder konservierten Fischen, in diversen Wurstsorten, in Sauerkraut, Oliven oder Schokolade.

Ein schlechtes Schlafmittel ist Alkohol. Er verkürzt zwar die Einschlafzeit, reduziert aber die Tiefschlafphasen, senkt die Weckschwelle und macht den Schlaf unruhiger und störanfälliger. Kurz, die Schlafqualität leidet erheblich.

Körperliche Bewegung

Oft fehlt schlicht und ergreifend körperliche Bewegung, um gut schlafen zu können. Wer sich zu wenig bewegt, nimmt sein natürliches Bewegungsbedürfnis als unterschwellige Unruhe mit ins Bett. Schlimmer noch, wenn Stresshormone im Körper herumwirbeln und kein Ventil finden, rennt das Gedankenkarussell auf Hochtouren, während Sie eigentlich schlafen wollen. Sport spät am Abend bewirkt hingegen oft, dass der Körper noch auf Hochtouren läuft, wenn Sie sich ins Bett legen und einschlafen möchten.

Alleine schlafen

Bei manchen Menschen verbessert sich die Schlafqualität massiv, wenn sie alleine schlafen. Was im ersten Moment nach Beziehungskrise klingt, kann für alle Beteiligten entspannend und sehr belebend sein. Wenn Sie Schlafprobleme haben, lohnt sich das Experiment, zumindest ein oder zwei Nächte pro Woche in einem eigenen Raum zu schlafen, sofern das räumlich möglich ist.

Vermitteln Sie Ihrem Partner, dass es nichts mit ihm/ihr zu tun hat, wenn Sie manchmal alleine schlafen wollen/müssen. Und stellen Sie sicher, dass genug Zeit und Platz für körperliche Nähe bleibt. Beobachten Sie, wie sich das auf Ihre Schlafqualität auswirkt.

Zu wenig Schlaf aufgrund äußerer Umstände

Last but not least kann es an äußeren Umständen liegen, dass Sie nicht genug Schlaf bekommen. Der Klassiker sind Babys und kleine Kinder, aber auch Nachtdienste, Schichtarbeit oder Ähnliches können dazu führen, dass die Schlafmenge und/oder Schlafqualität zu wünschen übrig lassen.

Wenn Ihre Nerven nach ein paar schlaflosen Nächten brachliegen und Sie Ihr Kind am liebsten beim Fundamt abgeben würden, liegt es nicht daran, dass Sie ein schlechter, herzloser Mensch sind und an Ihrem Charakter arbeiten müssen. Sie sind nur ein ganz normaler Mensch. Ein bisschen Erholung und die Welt schaut schon wieder ganz anders aus.

Erholen und auftanken

Theoretisch weiß jeder, wie wichtig es ist, sich Pausen zu gönnen und regelmäßig aufzutanken. In der Praxis verhalten sich viele anders. Häufig erlebe ich im Coaching engagierte, kluge Menschen, die ständig „busy" sind. Menschen, die den großen Fehler machen, tausend Dinge zu tun und abzuarbeiten, weil sie denken, *zuerst* alles Mögliche erledigen, in den Griff bekommen und verändern zu müssen, in der Hoffnung, dass es ihnen *dann* besser geht und sie *dann* Zeit haben, um gut für sich zu sorgen, sich zu erholen und Kraft zu tanken. Diese Reihenfolge ist wahnsinnig anstrengend und stressig – und blockiert den Flow.

> Genügend Erholung ist eine Voraussetzung dafür, eine hohe Leistungsfähigkeit aufrechterhalten zu können.

In unserer Leistungsgesellschaft plagt viele ein schlechtes Gewissen, wenn Sie sich erholen, sich Verschnaufpausen gönnen und sich einfach nur etwas Gutes tun.

Wer das Gesetz der Resonanz kennt, weiß, wie verquer das ist. Ihr Sein ist wichtiger als Ihr Tun. Und Sie meistern Ihr ganzes Leben wesentlich besser, wenn Sie in Ihrer Kraft sind. Schenken Sie sich mit gutem Gewissen Zeit für sich! Das kommt auch Ihren Mitmenschen zugute.

Manche Menschen können keine Ruhe geben, weil Sie leidenschaftlich gerne beschäftigt sind. Sei es, dass sie für eine Idee, eine Aufgabe, ein Unternehmen, ein Geschäft, eine Berufung oder ein Hobby brennen. Sei es, dass sie etwas schaffen, bewirken und bewegen möchten. Sei es, dass sie Pfeffer im Hintern haben und immer aktiv sein müssen. Auch diese Menschen neigen dazu, sich zu überlasten – und im schlimmsten Fall auszubrennen. Schon so Manche(r) dieser Sorte gestand mir zerknirscht: „Ich kann nicht nichts tun." So als wäre das ein schwerer Fehler.

Kommt Ihnen das bekannt vor? Dann kann ich Sie beruhigen: Sie sind mit einer Lebens- und Schaffenskraft ausgestattet und die will genutzt werden. Nichts ist verkehrt daran. Wenn Sie allerdings ständig „busy" sind, herumrennen wie ein aufgescheuchtes Huhn und nie zur Ruhe kommen, nutzen Sie Ihre Lebens- und Schaffenskraft suboptimal und werden früher oder später auf der Strecke bleiben. Auch Sie brauchen ausreichend Erholung. Unbedingt.

Schaffen wir aber ein Missverständnis aus der Welt: Sich zu erholen und zu entspannen heißt NICHT, dass Sie nichts tun dürfen! Sie können sich auch im Tun erholen. Und am besten entspannen Sie sich, wenn Sie genau das tun, was Ihnen Spaß und Freude macht, was Ihnen guttut und Energie schenkt.

Vielleicht bedeutet das, im Schaukelstuhl zu sitzen und in die Luft zu starren, sich aufs Sofa zu werfen und einen guten Film oder Ihre Lieblingsserie anzuschauen, ein Buch zu lesen, einen Nachmittagsschlaf zu machen, sich eine Massage zu gönnen, ein Vollbad zu nehmen oder in die Sauna zu gehen. Das würde man im herkömmlichen Sinn wohl am ehesten als Faulsein und „Nichtstun" bezeichnen.

Vielleicht heißt das aber auch, eine Bergwanderung oder eine Radtour zu machen, sich irgendwo die Seele aus dem Leib zu tanzen, etwas zu lernen, in eine Ausstellung zu gehen oder für eine Hand voll Freunde zu kochen.

Lassen Sie sich von niemandem reinreden, was Sie tun und was Sie lassen sollten.

Sie entscheiden, was für Sie erholsam ist.

- Was schenkt Ihnen Energie und lässt Sie auftanken?
- Wie können Sie abschalten?
- Wodurch fühlen Sie sich nachher wie „neu geboren" und regeneriert?
- Wobei erholt sich Ihr Geist und Ihre Seele?

Das ist klarerweise von Mensch zu Mensch verschieden.

Wer introvertiert ist, braucht vielleicht eher mehr Zeit alleine, um sich zu erholen. (Als Introvertierte zweifelte ich selbst jahrelang an mir, weil ich nicht so sozial und gesellig bin wie andere Menschen und gerne viel Zeit in meiner „Höhle" verbringe. Ich war unglaublich erleichtert, als ich verstand, dass das in Ordnung ist.)

Wer extrovertiert ist, lädt leichter im Kontakt mit Freunden, Partnern und Familie auf und tankt durch seine zwischenmenschlichen Beziehungen Kraft.

Was Sie zur Erholung brauchen, ist natürlich auch abhängig von Ihrer momentanen Verfassung. Was Ihnen heute Energie schenkt und Ihnen guttut, ist ein anderes Mal nicht das Richtige. Logisch, weiß jeder. Bei vielen Menschen ist Erholung aber reine Routine statt einer bewussten Entscheidung. Die Frage ist: Was brauchen Sie jetzt?

Vielleicht lungern Sie abends gewohnheitsmäßig vor dem Fernseher herum, was Sie aber wirklich brauchen, ist frische Luft und Bewegung. Oder Sie haben sich angewöhnt in Ihrer Freizeit ständig im Internet zu surfen oder Fachzeitschriften zu lesen, was Ihnen aber wirklich Kraft schenkt, ist ein angeregtes Gespräch mit einem Freund.

Es gibt oft einen feinen Unterschied zwischen dem, was wir wollen, und dem, was wir gerade brauchen.

Sie wollen vielleicht auf eine Südseeinsel abhauen, irgendjemanden erwürgen, eine 300 Gramm Tafel Schokolade verputzen, Hochprozentiges schlucken oder stundenlangen vor der Flimmerkiste sitzen. Fraglich, ob Ihnen das in Ihrer Situation wirklich weiterhilft und es Ihnen danach besser geht. Ihre innere Weisheit sagt Ihnen in Echtzeit, was Sie wirklich *brauchen* und was Ihnen guttut.

Eine weiterer Erholungskiller sind Verpflichtungen und Erwartungen, die wir meinen, erfüllen zu müssen. Es kann beispielsweise sehr erholsam und befriedigend sein, die Wohnung zu putzen, eine große Runde laufen zu gehen und ein aufwendiges Abendessen für Ihre Liebsten zu kochen. Tun Sie das allerdings nur, weil Sie *denken*, das jetzt tun zu *müssen*, dann ist es keine Erholungsquelle.

Manche Menschen haben ihr ganzes Privatleben so mit Verpflichtungen vollgepflastert, dass sie ihre freie Zeit gar nicht mehr so gestalten können, wie sie sich das eigentlich wünschen. Der Pflichtbesuch bei den Eltern, die Einladungen von irgendwelchen Bekannten, das Vereinstreffen, das fixe Theaterabo etc. Auch hier lohnt es sich, die Spreu vom Weizen zu trennen: zu überprüfen, welche dieser Verpflichtungen Ihnen Freude bereiten, guttun und Energie schenken – und welche Sie besser aufgeben oder zumindest einschränken sollten. Sie entscheiden.

Ein paar *simple Erholungsprinzipien* gebe ich Ihnen noch mit:

- Wenn Sie sich von Ihrer Arbeit erholen und abschalten möchten, sind alle Aktivitäten, die mit Ihrer Arbeit zu tun haben, tabu. Also keine E-Mails, keine geschäftlichen Telefonate und nicht noch schnell ein paar Punkte der To-do-Liste erledigen.
- Nehmen Sie in diesem Fall auch mental Abstand von Ihrer Arbeit. Das heißt, denken Sie nicht über arbeitsbezogene Probleme, Herausforderungen oder Chancen nach. Das klappt am ehesten, wenn Sie sich mit etwas völlig anderem beschäftigen. Dieser Abstand wirkt oft Wunder und hilft Ihnen, danach mit frischem Geist, neuen Perspektiven und kreativen Lösungen an die Dinge heranzugehen.
- Reduzieren Sie Ihren üblichen Medienkonsum. Für mich ist es beispielsweise extrem erholsam, gelegentlich einen Tag ohne Computer zu verbringen – auch wenn mir das schwerfällt. Vielleicht tut es Ihnen gut, das Handy abzuschalten, den Fernseher zu vermeiden oder Social Media-Netzwerke ein paar Stunden lang zu ignorieren.
- Gönnen Sie sich – Ihrem Wesen und Ihrer Verfassung entsprechend – eine gute Mischung aus aktiver und passiver Erholung. Fehlt eines von beiden, ist das auf Dauer nicht gesund.
- Apropos Aktivität: Darüber haben wir uns schon unterhalten. Bauen Sie irgendeine Art von Bewegung in Ihr Freizeitprogramm ein – idealerweise an der frischen Luft und

im Grünen. So einfache Dinge wie ausgedehnte Spaziergänge im Grünen haben schon manchen Burnout-Kandidaten gerettet.

- Gestalten Sie Ihre Erholungsphase selbstbestimmt. Statt irgendwelchen Verpflichtungen nachzugehen oder zu tun, was Sie meinen, tun zu müssen, tun Sie in Ihrer Erholungszeit, was Sie tun wollen – je nach Lust und Laune. Je mehr Ihr Alltag von vorgegebenen Aufgaben und Pflichten bestimmt ist, desto wichtiger ist dieser Punkt.

Kurz zusammengefasst: Achten Sie auf die Bedürfnisse Ihres Körpers!

Orientieren Sie sich dabei nicht am Außen, nicht daran, was angeblich die „richtige" Ernährung ist, wie viele Stunden „man" schlafen muss, wie viel und welche Art von Bewegung „man" machen muss. Vergleichen Sie sich auch nicht mit anderen Menschen und deren Energie- und Leistungsniveau. Sie sind Sie – und das ist gut so.

Lernen Sie (wieder) auf Ihren Körper zu hören und wahrzunehmen, was Ihnen im Sinne Ihrer „Lebensenergie" wohltut. Was für Sie richtig ist, muss Ihnen niemand beibringen. Ihr Körper ist ein weiser Ratgeber. Er weiß, was Sie brauchen, um gesund, glücklich und energiegeladen zu sein. Und wenn Sie darauf hören und beispielsweise Ihr Bewegungsprogramm, Ihr Essverhalten und Ihre Erholungsgewohnheiten verbessern, wirkt sich das unweigerlich auf Ihre Befindlichkeit aus. Sie gehen regelmäßig joggen und schon ist Ihr Kopf wieder viel klarer. Sie streichen Zucker aus Ihrer Ernährung und – nach einigen Wochen – schwankt Ihre Stimmung nicht mehr so und Ihre Heißhungerattacken sind verschwunden. Sie gönnen sich mehr Zeit, um regelmäßig aufzutanken – und auf einmal haben Sie eiserne Nerven und alles geht Ihnen leichter von der Hand.

Vielleicht machen Sie sich jetzt Vorwürfe, weil Sie nicht – oder viel zu selten – auf Ihren Körper und seine Bedürfnisse achten. Ich kann Sie beruhigen: Sie sind nicht alleine mit diesem Problem. Die meisten von uns haben gelernt, das Leben mit dem Verstand zu führen. Ständig darüber *nachzudenken*, was passieren und nicht passieren darf, was wir tun und wie wir sein müssen, damit es uns in unserem Leben gut geht. Ständig darüber nachzudenken, wie wir die Außenwelt oder uns selbst im Griff haben. So entsteht enorm viel Lärm im Kopf, der unsere innere Weisheit und die Intelligenz unseres Körpers übertönt oder dafür sorgt, dass wir die leise Stimme in uns ignorieren. Und oft Dinge tun, von denen wir wissen, dass Sie uns nicht guttun. In diesem Buch sorgen wir auf unterschiedlichen Ebenen dafür, dass der Kopf mehr zur Ruhe kommen und seinen eigentlichen Job machen kann. Dann wird es auch wesentlich leichter, die Bedürfnisse des Körpers wahrzunehmen und darauf zu achten – ohne große Anstrengung und Willenskraft.

Zum Schluss noch eine Frage:

- Was ist die *eine* Sache, die Sie jetzt Ihrem Körper zuliebe aufhören, anfangen oder anders machen könnten?

> Wenn Sie Ihrer Freude folgen,
> werden sich Türen öffnen, wo Sie es nie erwartet hätten –
> an Stellen, an denen keinem anderen der Eintritt gewährt wird.
>
> Joseph Campell

Kontraproduktives Verhalten

Wir bleiben noch in der subjektiven Realitätswahrnehmung, wo alles miteinander zusammenhängt und in Wechselwirkung steht. Das letzte Kapitel drehte sich um körperliche Bedürfnisse. Ob wir wollen oder nicht, diese Bedürfnisse hat unser „Vehikel" der Seele. Die Art und Weise, *wie* wir sie befriedigen, hat sowohl kurz- als auch langfristig einen entscheidenden Einfluss auf unsere innere Verfassung – auf unsere körperliche, emotionale und mentale Befindlichkeit. Missachten Sie Ihren Körper, leidet Ihre Psyche. Leidet Ihre Psyche, wirkt sich das wiederum auf den Körper aus. Das ist Teil des Menschseins.

Zusätzlich gibt es einen Zusammenhang zwischen Ihrer inneren Befindlichkeit und Ihrem Verhalten: Was Sie denken und fühlen beeinflusst, was Sie tun und wie Sie agieren. Umgekehrt wirkt sich das, was Sie tun, auf Ihre Gedanken und Gefühle aus.

Wenn Sie sich schlecht fühlen, kann das schlicht und einfach daran liegen, dass Sie Ihre Lebensenergie falsch einsetzen und in Ihrem Tun etwas zu verändern ist.

In der Anti-Stress-Szene finden Sie unzählige Techniken, Strategien und Rezepte, was Sie an Ihrem Verhalten ändern können, um weniger Stress zu haben. Wie Sie sich zum Beispiel besser organisieren, klare Prioritäten setzen, mit Ihrer Zeit achtsamer umgehen, öfters „Nein" sagen und so weiter. Für diese Art von

Verhaltenstipps gibt es unzählige Bücher, Artikel und Seminare. Auch in meinem Blog auf *www.beyourbest.at* finden Sie solche Anleitungen.

Viele dieser Ratschläge werden jedoch hinfällig, sobald Ihr Kopf ruhiger ist. Dann haben Sie Zugang zu Ihrer inneren Weisheit und *wissen* zur richtigen Zeit, was Sie als Nächstes tun und wie Sie sich verhalten müssen. Sie müssen keiner vorgegebenen Strategie oder Taktik folgen, die (bei anderen oder Ihnen) irgendwann einmal funktioniert hat, sondern hören auf die Echtzeit-Informationen Ihres inneren Navigationssystems.

In diesem Kapitel schauen wir uns an, warum wir uns oft nicht authentisch verhalten und, statt unseren inneren Impulsen zu folgen, Umwege gehen. Was ich meine: Wir haben alle mehr oder weniger klar im Kopf, was wir tun *sollten*, tun *müssten* und nicht tun *dürfen*. Diese „Ideen" halten uns nur allzu leicht davon ab, zu tun, was wir tun möchten und was uns selbst entspricht. Stattdessen tun wir das „Falsche" oder viel zu viel. Das verursacht inneren Stress. Wenn wir nicht in Übereinstimmung mit unserem eigenen Design – unseren einzigartigen Anlagen – leben, fließt die Lebensenergie nicht richtig und auf Dauer brennen wir aus.

Hand aufs Herz:

- Macht Ihnen Ihre Arbeit oder das, was Sie täglich tun, Freude?
- Wie oft tun Sie, was Sie jetzt tun möchten, wozu Sie inspiriert sind, wofür Sie Energie haben oder was sich gut, richtig und stimmig anfühlt?
- Wie oft erlauben Sie sich, die Dinge auf Ihre Art und Weise zu machen?

In vielen Jahren Coaching-Praxis sind mir unzählige Menschen begegnet, die nicht „ihr Ding“ machen; nicht das tun, wozu sie sich innerlich motiviert fühlen und wofür sie geschaffen sind. Stattdessen hören sie in erster Linie auf ihren Kopf: auf das, was vernünftig oder logisch scheint; was der Verstand für sinnvoll hält; was man eben tun muss oder tun sollte; was erwartet wird; was sicher oder möglich scheint. Und bewusst oder unbewusst auf das, was andere Menschen sagen oder tun.

Das beginnt bei vielen schon in der Früh, wenn der Wecker läutet, obwohl sie noch schlafen wollen. Es zieht sich durch die Arbeit (im Job oder im Haushalt), bei der sie die meiste Zeit nicht tun können, was sie gerade tun wollen, und sich so verhalten, wie man sich eben verhalten muss. Und es macht selbst vor der Freizeit nicht halt, in der gesellschaftliche Verpflichtungen oder fixe Aktivitäten am Plan stehen. Sie werden sich aus unterschiedlichen Gründen untreu. Sei es, weil sie sich verpflichtet fühlen oder denken, dass das eben jetzt sein *muss* oder „man“ das tut. Sei es, weil andere Menschen das brauchen, wollen, wünschen oder erwarten. Sei es, weil sie sich in Zukunft irgendetwas Positives davon erhoffen oder wenigstens Ärger und Unannehmlichkeiten vermeiden wollen. Das betrifft uns alle bis zu einem gewissen Grad. Problematisch wird es, wenn das die Regel ist und nicht die Ausnahme – und wir ein fremdbestimmtes, angepasstes Leben leben.

Rund 20.000 Entscheidungen treffen wir angeblich am Tag. An jedem Entscheidungsprozess sind zwar verschiedene Hirnregionen beteiligt, die sich wechselseitig beeinflussen, doch letztlich steuern großteils unbewusste Prozesse unser Verhalten. Von wegen selbstbestimmt.

Das Prinzip, das unsere Entscheidungen üblicherweise bestimmt, ist einfach:

1. Schmerz, Leid, schlechte Gefühle vermeiden
2. Freude, Wohlbefinden, gute Gefühle anstreben

Wobei Schmerz vermeiden Vorrang hat. Dieses Prinzip, das unser Überleben sichert, sorgt gleichzeitig dafür, dass wir oft Dinge tun, die wir besser unterlassen sollten, und umgekehrt Dinge nicht tun, die wir eigentlich gerne tun wollen.

Schauen wir uns vier sehr menschliche Verhaltensfallen an, in die wir leicht tappen.

Wir tun, was jetzt angenehm ist

Wir fühlen uns lieber *jetzt gleich* gut als später. Dieser Wunsch steht uns im Weg, wenn das, was wir wirklich tun wollen, kurzfristig mit unangenehmen Gefühlen verbunden ist. Wenn Bequemlichkeit, Faulheit, Ängste und andere Hindernisse ins Spiel kommen.

Sagen wir, Sie haben den Vorsatz, nach dem Büro noch ins Fitnesscenter zu gehen. Sie wollen endlich den Spinning-Kurs besuchen und wissen, dass Ihnen das Freude macht und guttut. Kaum ist der Arbeitstag zu Ende, ist Ihnen aber die Lust vergangen. Sie sind müde und wollen doch lieber nach Hause aufs Sofa. Kurzfristig betrachtet ist das eindeutig die angenehmere Variante. Wie großartig Sie sich fühlen, nachdem Sie im Fitnesscenter waren, und wie es Ihnen geht, wenn Sie stattdessen vorm Fernseher verenden, blenden Sie aus.

Oder Ihr Verstand nimmt sich vor, ab morgen früher aufzustehen, den Tag mit Meditation zu beginnen und keine Süßigkeiten mehr zu essen. Am nächsten Morgen bleiben Sie aber doch lieber länger im Bett, denn *jetzt* aufzustehen ist schmerzvoll und im Bett ist es so gemütlich. Schon pfeifen Sie aufs Meditieren. Und spätestens am Nachmittag, wenn der Bürofrust groß ist, stecken Sie sich die Schokolade in den Mund, weil *jetzt* der Drang nach ein bisschen Freude weit größer ist als Ihr momentan sehr schmerzhafter Ich-esse-keine-Süßigkeiten-Vorsatz. Das ist menschlich.

Auf diese und ähnliche Weise versuchen wir, unangenehme Gefühle loszuwerden und möglichst angenehme zu haben. Jetzt sofort!

Wir übersehen dabei, dass momentane Gefühle nichts sind, was wir vermeiden müssen. Weder sind sie lebensbedrohlich noch dauerhaft. Mehr noch, wir übersehen, wo diese Gefühle wirklich herkommen. So greifen wir oft zu Ersatzmitteln oder Ersatzhandlungen, um uns möglichst schnell besser zu fühlen, anstatt das zu tun, was wir wirklich tun wollen.

Wir tun das „Falsche"

Wir tun oder unterlassen Dinge, um uns besser bzw. nicht schlecht zu fühlen. Was zählt, ist jedoch nicht immer das unmittelbare Erleben. Oft geht es um mögliche Konsequenzen, mit denen wir bewusst oder unbewusst rechnen.

a. Wir fantasieren über die Zukunft und unterlassen Handlungen, die *jetzt* Freude machen, zu denen wir uns inspiriert fühlen oder für die wir Energie verspüren, weil wir *denken,* dass damit negative Konsequenzen verbunden sein könnten.
b. Oder wir tun, was wir eigentlich nicht tun möchten, weil wir uns davon etwas Positives erwarten. Oder weil wir *denken*, dadurch Schlimmerem zu entgehen.

Wir machen unser Verhalten von den Konsequenzen abhängig, die unser Kopf in die Zukunft projiziert. Absurd, wenn wir bedenken, dass der Kopf die Zukunft niemals vorhersagen kann. Mal malt er ein rosiges und mal ein schwarzes Bild, während er in Wahrheit keine Ahnung hat. Noch absurder ist das, wenn uns bewusst wird, dass unsere Gefühle gar nicht davon abhängen, was in unserem Leben passiert oder nicht passiert. Fixiert auf erdachte Konsequenzen tun wir oft das „Falsche". Falsch nicht im moralischen Sinn, sondern nur im Bezug auf unsere Lebensenergie.

Kleine Kinder sind diesbezüglich noch wesentlich schlauer. Sie gehen den direkten Weg und sind noch wahre Meister darin, einfach zu tun, was ihnen Freude macht. Egal, ob sie spielen, Neues entdecken, Dinge ausprobieren oder herumblödeln, sie sind mit Begeisterung dabei. Präsent im Augenblick und voll und ganz bei der Sache. Diese natürliche Fähigkeit wird leider im Laufe des Älterwerdens zunehmend blockiert.

Wir lernen immer mehr darauf zu achten, wie andere Menschen auf unser Verhalten reagieren. Ob wir damit etwas Positives wie Lob, Anerkennung, Liebe, Respekt oder Geld ernten. Oder ob wir dafür Tadel, Kritik, Liebesentzug, Strafe oder sonst etwas Negatives einstecken müssen. Außerdem wird uns eingetrichtert, dass wir vernünftig sein und an die Zukunft denken müssen. Vielleicht wurde auch Ihnen so etwas erzählt wie: Jetzt beginnt der Ernst des Lebens. Du kannst nicht einfach tun, was du willst. Du musst „was G'scheites" lernen, damit aus dir mal etwas wird. Oder der Klassiker: Erst die Arbeit, dann das Vergnügen.

So werden uns Schuldgefühle und ein schlechtes Gewissen eingeimpft. Wir beginnen, zu glauben, dass es nicht in Ordnung ist, zu tun, was uns Freude macht und hören auf, unseren inneren Impulsen zu folgen und von innen heraus inspiriert zu agieren. Vor allem, wenn wir *denken*, dass etwas negative Konsequenzen haben könnte. Stattdessen tun wir Dinge, die wir *denken*, tun zu müssen, um in Zukunft etwas zu erreichen oder zu haben. Es geht nicht mehr um die Tätigkeit an sich, sondern nur noch um ein Ergebnis. Kurz: Wir tun, um zu… Und wundern uns dann, warum es uns nicht gut geht, wir gestresst sind und keine Energie haben.

In der Praxis sieht das beispielsweise so aus:

- Ich mache einen freudlosen Job, um nicht ohne Geld dazustehen bzw. um genug Geld zu verdienen und mir dann Dinge leisten zu können, die mir Freude bereiten.
- Ich arbeite härter, länger und mehr als meine Kollegen, um meinen Job nicht zu verlieren bzw. um Karriere zu machen und endlich mehr Geld zu verdienen.
- Ich nehme ein Projekt an, auf das ich null Bock habe, weil ich hoffe, dann endlich wahrgenommen zu werden und Anerkennung zu bekommen.
- Ich kann nicht „Nein“ sagen zu den Wünschen, Bitten und Erwartungen anderer Menschen und stecke meine Zeit, Energie und Nerven in Dinge, die ich eigentlich nicht tun möchte – aus Angst, mich sonst unbeliebt zu machen.
- Ich renne von einer Networking-Veranstaltung zur nächsten, obwohl mir das Ganze ein Gräuel ist, weil ich denke, so neue Kunden gewinnen zu können.
- Ich mache ständig Kompromisse und vernachlässige meine Bedürfnisse, in der Hoffnung, von meinem Partner geliebt zu werden und ihn nicht zu verlieren.
- Ich mache eine Diät, um endlich abzunehmen. Esse Dinge,

die ich überhaupt nicht mag und verzichte auf Dinge, die mir gut schmecken. Gehe fünfmal die Woche laufen, obwohl ich es hasse. Aber ich quäle mich, in der Hoffnung, dass es mir gut geht, wenn ich die überschüssigen Kilos los bin und ich mich wohler fühle in meiner Haut. Dann mehr Selbstbewusstsein habe. Dann mehr Anerkennung bekomme. Dann einen Partner finde. Und so weiter.

Ja, natürlich denken Sie jetzt vielleicht, man kann eben nicht immer tun, was man will. Man muss Kompromisse eingehen und gewisse Nachteile in Kauf nehmen, um sich langfristig Vorteile zu verschaffen. Man muss im Leben Dinge tun, die keine Freude bereiten, um Schlimmeres zu vermeiden oder um Gutes zu erfahren.

Zielgerichtetes und vorausschauendes Handeln scheint in unserem Gesellschaftssystem unbedingt notwendig zu sein. Einfach den inneren Impulsen nachzugehen, wird uns nicht gerade leicht gemacht: Dem natürlichen Impuls zu essen können wir oft nur folgen, wenn wir genug Geld in der Tasche haben, um etwas einzukaufen. Für den Schlaf ist in unseren Breitengraden eine Wohnung mit Bett mehr als wünschenswert. Nicht nur die Befriedigung unserer Grundbedürfnisse, sondern auch vieles, was Freude und Spaß macht, kostet Geld. Sprich: Die meisten Menschen müssen arbeiten, um in Folge ihre eigenen Bedürfnisse befriedigen zu können. Viele müssen zusätzlich noch für andere Menschen sorgen – Familie, Kinder, Eltern.

Aus objektiver Wirklichkeitssicht schaut es tatsächlich oft so aus, als ob bestimmte Dinge passieren müssten oder nicht passieren dürften, damit Sie stressbefreit und glücklich sein können. Es scheint sinnvoll zu sein, Kompromisse einzugehen, freudlose Aktivitäten oder Beziehungen in Kauf zu nehmen und zurückzustecken, weil Sie *denken*, dass irgendetwas Gutes dabei herauskommt und Sie irgendwann doch noch glücklich werden. Dass am „Ziel" endlich alles besser ist. Nur leider funktioniert das Leben nach anderen Regeln.

> Was wirklich zählt ist Ihr SEIN – wer und wie Sie sind. Sie kommen nur an ein lohnenswertes Ziel, wenn Sie schon auf der Reise glücklich sind.

Handlungen, die sich schlecht anfühlen, für die Sie keine Energie haben, die Ihnen keine Freude bereiten, führen NICHT zu Ergebnissen, die sich gut anfühlen, die Sie glücklich machen oder sonst irgendwie wünschenswert sind. Eine unglückliche Reise führt NICHT an ein glückliches Ziel.

Eine unglückliche Reise erfordert außerdem eine Art von Kompensation. Manche Menschen essen mehr als nötig, um hinunterzuschlucken, dass sie in der falschen Beziehung oder im falschen Job sind. Manche trinken zu viel, um Unzufriedenheit, Stress und belastende Gedanken hinunterzuspülen und eine Erleichterung zu finden. Andere wiederum beginnen eine Affäre, um wenigstens irgendwo etwas Freudvolles zu erleben. Viele verbringen Stunden vor dem Fernseher, damit sie ihre innere Leere nicht spüren, oder stürzen sich in einen Kaufrausch, in der Hoffnung, ihr Lebensgefühl aufzumöbeln. Andere flüchten in die Meditation oder ins „spirituelle Leben", weil sie im Alltag frustriert und unzufrieden sind.

Das ist menschlich. Wir sind emotionale Wesen und haben das innere Bedürfnis, glücklich zu sein. Nach Freude und guten Gefühlen zu streben. Wenn das, was wir wirklich wollen und brauchen, gerade nicht da ist, schwierig oder mühsam zu bekommen ist, dann sorgt unser Gehirn dafür, dass wir zur nächstbesten Lösung greifen – ein brauchbares Ersatzmittel finden, damit es uns besser geht. Nur leider verschaffen diese Ersatzmittel höchstens kurzfristig eine Verbesserung und führen langfristig zu Schuldgefühlen, Selbstvorwürfen und noch mehr Stress. Um diesen Knoten nachhaltig lösen zu können, müssen wir die Bewusstseinsdimension wechseln. Ein guter Anfang, der schon vieles verändert:

Erlauben Sie sich, so oft wie möglich Ihrer Freude zu folgen.

Was heißt das? Mit „Folgen Sie Ihrer Freude" ist nicht gemeint, dass Sie nur noch tun sollen, was Ihnen jetzt gerade Spaß macht und worauf Sie gerade Lust haben. Gemeint ist vielmehr, dass Sie das verwirklichen, was in Ihnen steckt und was durch Sie geschehen und in die Welt kommen möchte. Und dass Sie die Dinge auf Ihre einzigartige Art und Weise anpacken – authentisch agieren und leben.

Der springende Punkt dabei: Der Kopf ist hier kein guter Ratgeber. Es ist vielmehr Ihre innere Weisheit, die Sie lotst und Ihnen hilft, die richtigen Entscheidungen zu treffen.

Ein paar Anhaltspunkte, woran Sie erkennen, dass etwas „Ihr Ding" bzw. Ihre Art und Weise ist, etwas anzupacken. Oft reicht ein Punkt, meist treten sie in diversen Kombis auf:

- Ihr Bauchgefühl sagt „Ja" dazu.
- Es fühlt sich gut, richtig und stimmig an.
- Ihre Lebensgeister erwachen, Sie springen an und haben Energie dafür.

- Es ist Ihnen wirklich wichtig.
- Sie wissen intuitiv oder instinktiv, dass das jetzt für Sie zu tun ist.
- Sie wollen es ganz einfach tun.
- Ihre innere Führung lotst Sie in die Richtung.
- Es macht Ihnen Freude und Spaß.
- Es hat für Sie gefühlt Sinn – nicht nur rational.
- Es bringt Ihr Herz zum Singen und Ihre Augen zum Leuchten.
- Es entspricht Ihren Talenten, Anlagen und Stärken.
- Es entspricht Ihren Interessen.
- Sie sind inspiriert.

> Wenn Sie Ihrer Freude folgen, sind Sie oft im Flow und leben Ihr Potenzial. Dann können Wunder geschehen.

Es braucht ein wenig Mut und Disziplin, das Ihre zu tun, egal, was andere Menschen denken, und selbst wenn andere Menschen und/oder Ihr Kopf Ihnen einreden, was Sie tun sollten und tun müssten. Es braucht Mut und Disziplin, zu vielen anderen Dingen Nein zu sagen. Mut und Disziplin, Ihrer inneren Weisheit und der Absicht Ihrer Seele zu folgen.

Doch es lohnt sich. Sobald Sie den Weg der Freude einschlagen, steigt Ihre Energie und Ihre Zufriedenheit. Auf diese Weise haben Sie viel mehr Kraft und sind in der Lage, trotzdem oder gerade deshalb viel mehr zu schaffen als bisher. Es wird Ihnen auch leichter fallen, das zu erledigen, was sein muss. Das bleibt Ihnen nämlich nicht erspart. Ihrer Freude folgen bedeutet schließlich nicht, Notwendigkeiten und Verpflichtungen unnötig lange vor sich herzuschieben – „Aufschieberitis“ kostet ebenfalls Energie und Kraft und sorgt für Stress.

Gehen Sie Ihren Notwendigkeiten und Verpflichtungen weiterhin nach, aber ohne sich damit unter Druck zu setzen. Wählen Sie, wenn möglich, den richtigen Zeitpunkt aus: Erledigen Sie die Dinge dann, wenn Sie Energie dafür haben. So werden Sie unter Umständen erstaunt feststellen, dass es zum geeigneten Zeitpunkt sogar Spaß machen kann. Und noch mysteriöser: Manche Dinge erledigen sich von ganz allein. Mit dem Stichwort „alleine" kommen wir zu einer weiteren Verhaltensfalle, die im Zusammenhang mit Stress oft auftaucht.

Wir tun zu viel

Während viele das „Falsche" tun, gibt es auch jene, die zwar im Großen und Ganzen das Richtige tun, aber schlicht und ergreifend ZU VIEL. Also beispielsweise ihren Job lieben und rund um die Uhr arbeiten. Oder bis zum Exzess Sport treiben.

Was „zu viel" bedeutet, ist natürlich relativ und abhängig von vielen Faktoren – insbesondere von den eigenen Anlagen und der momentanen Lebenssituation. Phasenweise kann jeder Mensch hart arbeiten, reinbeißen und „zu viel" tun. Auf Dauer kann das niemand. Jeder Mensch braucht Erholungsphasen. Manche benötigen mehr Regenerationszeiten, andere weniger. Manche können wie Traktoren stundenlang arbeiten, andere brauchen viel mehr Pausen, um effizient zu sein. Manche können hart trainieren, andere brauchen es sanfter.

So weit waren wir schon. Aber welche Ideen und Gedanke führen häufig dazu, viel zu viel zu tun – und zwar oft wider besseren Wissens?

- Die Idee, immer alles im Griff und unter Kontrolle haben zu müssen.

- Denken, alles alleine schaffen zu müssen.
- Meinen, alles selbst tun zu müssen und nichts abgeben zu können.
- Der Gedanke, nicht gut genug zu sein und sich selbst oder anderen etwas beweisen zu müssen.
- Alles perfekt haben/machen wollen und Angst vor Fehlern haben.
- Denken, hart arbeiten und kämpfen zu müssen, um etwas zu erreichen und zu schaffen.
- Glauben, besser, länger und härter arbeiten zu müssen als alle anderen.
- Hoffen, dass es an irgendeinem Ziel endlich besser ist.
- Nicht wissen, wann es genug ist und ständig über die eigenen Grenzen gehen.
- „Mutter-Teresa-Sein" – jedem helfen und für alle da sein wollen.
- Möglichst alles möglichst schnell erledigen.
- Zu versuchen, *zuerst* alles zu erledigen, bevor man sich eine Pause gönnt.

In all diesen Fällen geht es darum, *weniger* zu tun, loszulassen, sich mehr zu entspannen und mit dem Leben zusammenzuarbeiten. Leichter gesagt als getan.

Wir glauben, das Leben kontrollieren zu müssen

Bewusst und viel öfter unbewusst versuchen wir, das Leben im Griff zu haben. Versuchen, sicherzustellen, dass nichts „Unangenehmes" passiert und alles gut läuft. Der Verstand hätte gerne die Kontrolle. Die Kontrolle über äußere Umstände, die Kontrolle über das eigene Leben, die Kontrolle über unsere Gedanken und Gefühle und die Kontrolle über unser Sein.

Wir *denken*, wenn wir alles richtig hinbekommen, ersparen wir uns viel Leid und sind glücklich. So tun wir alles Mögliche und Unmögliche, um die Außenwelt oder unsere Innenwelt zu manipulieren. Wir vergessen dabei die universelle Intelligenz, die alles Leben steuert, und schneiden uns von unserem tiefer liegenden Wohlsein, unserer inneren Weisheit und angeborenen Resilienz ab. Wir agieren und reagieren aus Angst. Tun das Falsche und/oder zu viel. Das ist anstrengend. Und funktioniert nicht.

Sobald Sie nicht ständig mit Rudern, Kontrollieren und Steuern beschäftigt sind, wird Ihr Kopf ruhiger und klarer. Plus, es wird unendlich viel Energie frei, die Sie für Ihr Leben zur Verfügung haben. Kraft, um einfach Sie selbst zu sein und stressbefreit Ihr Bestes zu leben. Schön und gut, aber wie können Sie die Kontrolle loslassen? Dazu müssen wir das Leben aus einer höheren Bewusstseinsperspektive betrachten und uns anschauen, wo Stress tatsächlich herkommt.

Das Ende vom Stress

Höchste Zeit, wieder in die Richtung zu schauen, wo Sie Ihr angeborenes Wohlsein finden, das völlig unabhängig von jeglichen Umständen, Gedanken und inneren Zuständen existiert. Beginnen wir bei dem großen Missverständnis, wie unsere persönliche Erfahrung entsteht.

Wir Menschen haben den Eindruck, die Welt zu erleben – zu erleben, was tatsächlich ist. So scheint auch Stress ein unausweichlicher Teil des Lebens zu sein. Mit zunehmendem Bewusstsein erkennen wir zwar, dass unsere Gedanken unser Erleben massiv beeinflussen, aber erst auf der schöpferischen Bewusstseinsebene wird klar, dass unsere Realität durch Gedanken erschaffen wird. Sie entsteht durch das schöpferische Prinzip des Geistes. Gedanken werden Dinge.

Sie erinnern sich, alle festen Objekte, die so real zu sein scheinen, sind nur da, weil Sie sie beobachten. Dabei sind Sie kein passiver Beobachter dessen, was ist. Die Beobachtung ist vielmehr ein schöpferischer Akt, durch den sich manifestiert, was ist. Ohne Sie ist alles nur als Wahrscheinlichkeit vorhanden. Sie leben in einem Feld unendlich vieler Möglichkeiten und erschaffen aus diesen Möglichkeiten Ihre Realität. Ihr Kopf ist, wie gesagt, keine Kamera, die wahrnimmt, was ist, oder die Realität auf bestimmte Weise filtert und interpretiert. Ihr Kopf ist vielmehr wie ein Projektor, durch den Ihr Erleben von innen nach außen projiziert wird. Die Welt ist eine Projektion Ihrer Gedanken. Wie Ihre Realität aussieht, ist zu 100 Prozent ein Produkt Ihres Denkens.

„Was ist Erleuchtung?“, fragte ein Schüler seinen Meister.
„Die Wirklichkeit so zu sehen, wie sie ist.“
„Aber tut das nicht jeder?“
„Oh nein!“, erwiderte der Meister, „Die meisten Menschen sehen die Wirklichkeit so, wie Sie denken, dass sie ist.
Das ist ein großer Unterschied: In einem Fall glaubst du, im stürmischen Wellengang des Meeres zu ertrinken.
Im anderen siehst du, dass du nicht ertrinken kannst, weil weit und breit kein Wasser da ist.

Nach Anthony de Mello

Wo Stress tatsächlich herkommt

Andere Menschen, Situationen, Umstände, Gegebenheiten oder Plätze sind NICHT die Ursache für Ihren Stress. So weit waren wir schon. Jetzt kommen wir aber endlich zu des Pudels Kern: Sie erleben Stress, wenn Sie stressige Gedanken haben. Angst, wenn Sie angstvolle Gedanken haben. Sorgen, wenn Sie sorgenvolle Gedanken haben. Und so weiter. Anders ausgedrückt:

> Nicht das, was Sie denken, dass Sie stresst, stresst Sie wirklich. Es stresst Sie, was Sie gerade denken.

Lesen Sie bitte die letzten Zeilen noch einmal und lassen Sie die Worte sickern.

Das Gleiche gilt auch für Angst. Angst macht Ihnen nicht, was Sie denken, dass Ihnen Angst macht. Angst macht Ihnen, was Sie gerade denken. Sorgen bereitet Ihnen nicht, was Sie denken, dass Ihnen Sorgen bereitet. Sorgen bereitet Ihnen, was Sie gerade denken. Und das gilt genauso für positive Gefühle.

Sie erleben die Gedanken, die in diesem Moment bewusst oder unbewusst durch Ihr Bewusstsein ziehen. Sie fühlen nicht Ihr Leben, sondern Ihr momentanes Denken.

Stressige, ängstliche, sorgenvolle (oder auch glückliche) Gedanken projizieren wir – ohne es zu merken – auf die Außenwelt und denken dann, das Außen ist die Ursache für unser inneres Erleben. Die Kinder, der Chef, die Arbeit, das Geld, die Krankheit, der Verkehr oder Sonstiges stressen mich, ängstigen mich, machen mir Sorgen (oder machen mich glücklich), denken wir. Mit diesem Trugschluss suchen wir im Außen nach unserem Glück und der Lösung für unsere Probleme. Mit diesem Trugschluss denken wir, das Leben kontrollieren, bestimme Dinge erreichen und bestimmte Situationen vermeiden zu müssen. Mit diesem Trugschluss ist das Leben oft problematisch. Doch ohne Gedanken gibt es kein Problem.

Um ein Problem zu haben, müssen Sie denken. Genau genommen steht dahinter immer dieselbe Idee:

- Irgendetwas ist nicht so, wie Sie *denken*, dass es sein sollte.
- Irgendetwas war nicht so, wie Sie *denken*, dass es hätte sein sollen.
- Oder Sie *denken*, irgendetwas wird nicht so sein, wie Sie es gerne hätten.
- Und das ist ein Problem, *denken* Sie.

Sie merken, ein Problem erfordert schon einen relativ komplexen Denkvorgang. Lassen Sie Ihr Denken – vor allem Ihre Vorstellung sowie Ihr Urteil darüber, wie etwas ist und wie es sein sollte – einmal beiseite, verschwindet jedes Problem. Denn:

Jedes Problem existiert nur im Kopf.

Stellen Sie sich vor, Sie malen mit einem Pinsel ein Monster an Ihre Schlafzimmerwand, und weil Ihr Monster so real aussieht, bekommen Sie panische Angst und rennen davon. Nachdem Sie sich ein wenig beruhigt haben, grübeln Sie darüber nach, wie Sie dieses Monster besiegen können, wie Sie es loswerden oder was Sie verändern müssen, um nie wieder so einem Monster zu begegnen. Oder Sie versuchen, Ihre Einstellung zu Monstern grundsätzlich zu verändern. Absurd, oder? Aber das ist es, was wir ständig tun.

Gleichgültig, ob die „Monster", mit denen wir in unserem Leben konfrontiert sind, aus Beziehungen, Arbeitsproblemen, Geld, gesundheitlichen Herausforderungen, Geschichten aus der Vergangenheit oder düsteren Zukunftsprognosen bestehen, sie sind lediglich ein Abbild unserer momentanen Gedanken. Sobald sich diese verändern, ändert sich Ihr Erleben. Gedanken sind der „magische Pinsel" des Universums, mit dem wir unsere Realität kreieren. Diese Kreation wirkt so real, dass wir die ursächliche, schöpferische, göttliche Kraft, die in uns steckt und das Ganze erst „real" macht, übersehen. Ohne Gedanken kein Stress, keine Angst und keine Sorgen. Ohne Gedanken keine persönliche Erfahrung. Ohne Gedanken kein „Ich".

Wenn wir uns gestresst fühlen (oder ängstlich, nervös, unruhig, traurig), glauben wir in aller Regel, dass dieses Gefühl etwas mit unserem Leben zu tun hat. Mit einer Situation, mit einem anderen Menschen, mit unserer Vergangenheit, mit unserer Zukunft oder mit uns selbst muss irgendetwas nicht in Ordnung sein, sonst würden wir uns nicht so fühlen – denken wir. Und schon denken wir darüber nach, wie wir dieses Problem loswerden. Grübeln, was wir tun, schaffen oder verändern müssen, damit uns nichts Schlimmes passiert bzw. es uns wieder besser geht. Handeln angstbesetzt. Setzen vielleicht irgendwelche überstürzten Aktionen. Oder versuchen, unsere Denkweise zu verbessern. Statt einmal zu schauen, wo unser Erleben wirklich herkommt.

Gehen wir zwei wieder ins Kino, in einen gruseligen Horrorfilm. Wenn Sie während des Films Angst hätten, würden Sie wohl kaum auf die Idee kommen, zur Leinwand zu rennen und die Schauspieler zu bitten, sie mögen ihre Rollen anders spielen. Vielleicht würden Sie sich wundern, dass ich völlig entspannt bin und mich köstlich amüsiere. Vermutlich würden Sie aber nicht an sich zweifeln oder glauben, ein ernsthaftes Problem zu haben, weil Sie ein Gruselfilm ängstigt. Sie wissen, das ist eine vorübergehende Erfahrung und sobald der Film zu Ende ist, ist alles wieder in Ordnung. Beziehungsweise müssten Sie Ihren Blick nur lange genug von der Leinwand wegnehmen und auf den Filmprojektor richten, damit Ihre Angst von allein verfliegt.

Das passiert genauso, wenn Sie weniger auf Ihre Erfahrungen schauen und mehr darauf, was Ihre Erfahrungen erzeugt. Wenn Ihnen wirklich bewusst wird, dass Sie Ihr Kopfkino – und nicht die Realität – erleben, löst sich Stress, Angst und Unsicherheit in Luft auf. Es gibt nichts, was Sie dazu tun oder verändern müssen. Alles, was nötig ist, ist zu erkennen, dass es sich „nur“ um Gedanken handelt.

Zur Erinnerung: Ihre momentanen Gefühle liefern keine wertvollen Informationen über Ihr Leben und Sie selbst. Sie sind vielmehr ein Feedback-System für Ihre momentane Gedankenqualität (und die entsprechenden biochemischen Prozesse, die gerade in Ihrem Körper ablaufen). Ein Hinweis, auf welcher Bewusstseinsstufe Sie sich im Augenblick befinden. Nicht mehr und nicht weniger.

Wenn Sie sich schlecht fühlen, Stress haben und unlösbare Probleme auftauchen, halten Sie sich zurzeit in einem niedrigeren Stockwerk auf. Was Sie über Ihr Leben, die Welt und sich selbst denken, ist höchstwahrscheinlich weitgehend unwahr und unproduktiv. Ihre Sicht der Wirklichkeit ist gerade eingeschränkt. Sie sind in stressiges, ängstliches oder sorgenvolles Denken verstrickt. Malen Monster an die Wand. Mehr nicht. Das ist noch lange kein Alarmzeichen für wirkliche Gefahr. Es ist vielmehr ein Hinweis darauf, dass Ihr Denken in die „falsche" Richtung läuft. Falsch im Sinn von „nicht in Übereinstimmung mit Ihrer inneren Weisheit und dem, was wirklich wahr ist". So kreisen negative Gedanken in Ihrem Oberstübchen, die der Kopf zu lösen versucht, indem er noch mehr denkt. Mit dieser Denkerei überlagern Sie unabsichtlich die universelle Intelligenz, die in Ihnen wohnt und jede Antwort und Lösung für Sie hat.

Es geht nicht darum, Ihr „negatives" Denken durch besseres Denken zu ersetzen. In der Sekunde, in der Ihnen bewusst wird, dass es sich bloß um Gedanken handelt, können Sie sich entspannen. So, wie im Gruselfilm, den Sie sich im Kino anschauen. Sobald Sie für einen kurzen Moment aus Ihrer Filmtrance (Gedankentrance) erwachen und sich daran erinnern, dass Sie nur im (Kopf-)Kino sitzen, ist alles halb so wild.

> Wie der Körper strebt auch der Geist von Natur aus nach Gesundheit und heilt sich selbst – sofern wir nicht ständig dazwischenfunken.

Das ist wie bei einem Glas mit schmutzigem Wasser. Solange das Wasser im Glas in Unruhe ist, bleibt es trüb. Doch hält man das Glas eine Weile still, statt ständig umzurühren und alles aufzuwühlen, setzt sich der Schmutz am Boden ab und das Wasser wird klar. Ganz von allein.

Sobald der Kopf zur Ruhe kommt, kann die innere Weisheit durchkommen und die Dinge werden klar. So ersparen Sie sich viel Stress und Grübelei. Sie sind „online" und *wissen*, was für Sie als Nächstes zu tun ist. Es kann durchaus sein, dass Sie ein paar Veränderungen vornehmen oder unangenehme Dinge anpacken müssen. Aber statt angstgetrieben zu sein, agieren Sie aus einem inneren Wissen heraus und tun, was immer für Sie zu tun ist.

Nehmen wir ein einfaches Beispiel:
Stellen Sie sich vor, Sie werfen einen Blick in Ihren Terminkalender und sehen dort für die kommende Woche unzählige Termine und To-dos. Bei diesem Anblick denken Sie beispielsweise, dass Ihnen alles zu viel ist, Sie das nicht schaffen werden und die Woche ein Alptraum wird. Die hohe Anzahl der Meetings und Aufgaben verursacht Ihren Stress, denken Sie.

Nichts davon ist wahr. Sie erleben Ihr Denken in diesem Moment und Sie projizieren alles Mögliche auf die Woche. Letztlich sagt es NICHTS darüber aus, wie die kommende Woche tatsächlich wird. Sie erleben immer nur den jeweiligen Augenblick. Immer nur das Jetzt. Wie Sie die kommende Woche fühlen, hängt einzig und allein davon ab, was Sie im jeweiligen Moment denken. Und Gedanken verändern sich – von Natur aus. Manchmal bleiben wir nur in unseren eigenen Gedankenmustern hängen. Wie eine Schallplatte mit Sprung läuft dann beispielsweise ständig der „Ich bin so im Stress, mir ist alles viel zu viel"-Gedanke.

Damit das klar ist: Manchmal ist die To-do-Liste tatsächlich zu lange für die Zeit, die Sie zur Verfügung haben, und Sie müssen Termine absagen. Manchmal ist das Arbeitspensum wirklich zu hoch und Sie müssen reduzieren. Aber egal, was im Außen ist, Sie werden mit jeder Situationen besser umgehen, wenn Sie nicht auf die Monster im Kopf hereinfallen und sich in Ihren momentanen Gedankenzirkus verstricken. Dann fallen Ihnen Lösungen ein, wie Sie am besten mit der Situation umgehen und was für Sie zu tun ist. Ohne Panik, ohne Kampf, ohne Drama. Und ohne Stress.

Ein anderes Mal schauen Sie in denselben Terminkalender, sehen eine ebenso volle Woche und freuen sich auf das, was ansteht. Auch das sagt NICHTS über die kommende Woche aus, sondern nur etwas über Ihre Gedanken in diesem Moment.

Wir glauben so oft, die Zukunft vorhersehen zu können und voraussagen zu können, wie wir uns dann fühlen werden. Wir glauben zu wissen, was passieren muss, damit es uns gut geht. Und was nicht passieren darf, damit es uns nicht schlecht geht. Das ist paradox, weil Gefühle nun einmal nicht von äußeren Umständen abhängen. Und bei unseren Zukunftsprognosen übersehen wir das unvorhersehbarste, variabelste und gleichzeitig wesentlichste Element in der ganzen Gleichung: die Gedanken, die uns durch den Kopf gehen werden.

- Unser Erleben wird zu 100 % durch Gedanken erschaffen – Moment für Moment, Gedanke für Gedanke.

Beobachten Sie in Ihrem Alltag, ob das wahr sein könnte. Und fragen Sie sich:

- Was wäre, wenn Stress, Ängste und Sorgen tatsächlich nur durch momentane Gedanken entstehen, die durch Ihren Kopf geistern, und nicht durch das, was sich in Ihrem Leben gerade abspielt, in der Vergangenheit passiert ist oder in Zukunft passieren könnte?
- Was wäre, wenn Sie Ihr Denken erleben und empfinden und nicht Ihr Leben und das, was tatsächlich ist?

Glaube nicht alles, was du denkst.
Gedanken sind wirklich nur dies – Gedanken.
ALLAN LOKOS

Warum Sie NICHT positiv denken müssen

Sobald wir erkennen, dass wir durch Gedanken nicht nur die Wirklichkeit interpretieren, sondern sogar erschaffen, scheint es umso wichtiger, das eigene Denken zu verändern. Je mehr wir erkennen, dass es keine äußeren Stressfaktoren gibt und Stress immer durch weitgehend unbewusste Gedanken entsteht, desto eher suchen wir nach Strategien, Techniken, Tipps und Tricks, um den Gedankenzirkus im Kopf zu bändigen und bewusster – positiver – zu denken. Wir bemühen uns, die schöpferische Macht von Gedanken sorgfältiger zu nutzen, um uns ein besseres Leben zu kreieren und glücklicher zu sein. Keine Monster an die Wand zu projizieren.

Das klingt weitaus selbstbestimmter und erfolgversprechender als der Versuch, die Außenwelt in den Griff zu bekommen, ist aber Sisyphusarbeit. Die meisten Menschen, die ich kenne, verstricken sich an dieser Stelle in einen ewigen Kampf mit ihrer eigenen Psyche und arbeiten hart an sich, um endlich zu denken und zu fühlen, was sie Ihrer Vorstellung nach denken und fühlen sollten.

In den vorangegangen Kapiteln haben wir schon ausführlich besprochen, wie Körper und Psyche zusammenhängen und sich wechselseitig beeinflussen. Wir haben geklärt, wie sich Bewegung, Atmung, Ernährung & Co auf den Kopf auswirken und wie wir das Vehikel Körper so benutzen, dass wir uns viel inneren Stress ersparen und im Kopf mehr zur Ruhe kommen. Doch jeder Mensch durchläuft Stimmungen. Jeder erlebt Aufs und Abs. Das gehört zum Menschensein. Und wenn Sie sich auch noch so sehr bemühen, Sie werden Ihre Gedanken und damit Ihr Gefühlsleben niemals kontrollieren können. Die gute Nachricht: Das ist nicht notwendig und auch nicht sinnvoll. Es ist vor allem keine Voraussetzung dafür, stressbefreit und glücklich zu sein. Ihr wahres Seelenheil liegt woanders.

Statt sich ständig darum zu bemühen, schöner zu träumen, gibt es eine bessere Option: AUFWACHEN.

Werfen wir einmal einen genaueren Blick auf die Natur von Gedanken. Und schauen wir, wie sich dieses Verständnis auf Ihre Probleme und Ihren Stress auswirkt.

Gedanken lassen sich nicht kontrollieren.
Viele Jahre habe ich selbst alles Mögliche und Unmögliche versucht, um mit dem Verstand den Verstand zu kontrollieren. Das funktioniert nicht – zumindest nicht nachhaltig – und ist alles andere als stressfrei und Flow-förderlich. Diese Bemühungen heizen das Denken nur noch mehr an. Der Kopf kämpft gegen sich selbst. Und Gedanken lassen sich nicht stoppen.

Wenn Sie mir nicht glauben, machen Sie jetzt eine kleine Lesepause und versuchen Sie für eine Minute an nichts zu denken. Ist Ihr Geist nicht geschult, werden Sie erstaunt sein, wie viele Dinge Ihnen in dieser kurzen Zeit in den Sinn kommen.

Ein untrainierter Geist lässt sich selbst mit Willenskraft nur wenige Sekunden in Zaum halten. Selbst mit Training und Meditation werden wir nicht frei von Gedanken. Denken gehört zum Menschsein dazu wie die Wellen zum Meer.

Das Denken kann zwar stoppen – so wie das Meer manchmal vollkommen still ist, aber *Sie* können es nicht stoppen. Jeder Versuch ist kontraproduktiv.

Sie sind nicht verantwortlich für Ihre Gedanken.

„Du entscheidest, was du denkst", wird oft gepredigt. Ist das wirklich so?

Ja, Sie können bewusst denken. Aber *Sie* entscheiden nicht, was in Ihr Bewusstsein kommt. Allen „bewusst" gedachten Gedanken gehen unbewusste Denkprozesse voraus. Sie können nur denken, selbst entschieden zu haben, was Sie denken. Aber in Wahrheit kommen Ihnen bestimmte Gedanken in den Sinn und andere eben nicht.

Kurz: Gedanken entziehen sich unserer Kontrolle und damit auch unserer Verantwortung. Was aber möglich ist: Wir können die Natur von Gedanken durchschauen und lernen, uns mit diesem Affenzirkus und den Wellen immer weniger zu identifizieren. Und aufhören, unser Leben davon bestimmen zu lassen.

Gedanken kommen und gehen. Sie verändern sich ständig.

Nehmen Sie sich noch einmal kurz Zeit und beobachten Sie diesmal Ihre Gedanken. Warten Sie einfach ab, was als Nächstes in Ihrem Bewusstsein aufpoppt. Beobachten Sie, wie sich Gedanken wie Wolken am Himmel auf natürliche Weise wieder verziehen. Einer geht, ein neuer kommt.

Ich habe bei diesem Experiment gerade einen kurzen Moment der Stille erlebt, gefolgt von dem Gedanken: „Lustig, da taucht jetzt gar nichts auf." Und Millisekunden später: „Wann kommt eigentlich mein Caffè Latte?“ (Ja, ich sitze schon wieder in meinem Lieblingscafé). Gedanken ändern sich ständig. Ganz von allein.

Je mehr wir allerdings meinen, uns ins Denken einmischen zu müssen, desto mehr blockieren wir den natürlichen Gedanken-Flow. Wir bremsen den Fluss und bleiben in einem Gedankenstrudel hängen. Oder kämpfen mit den Wolken und übersehen, wie sinnlos das ist. Gedanken sind von Natur aus so designed, dass sie fließen. Kommen und gehen. Was bleibt, sind Sie.

Sie SIND nicht Ihre Gedanken. Es sind nicht einmal IHRE Gedanken.
Es sind lediglich Gedanken, die in Ihrem Bewusstsein auftauchen. Viele davon sind nicht einmal wahr oder relevant. Wir unterliegen aber sehr leicht der Illusion, unsere gewohnten Gedanken als Wahrheit und Realität zu akzeptieren. Wir glauben, was wir denken. Behandeln Gedanken wie eine Nachrichtenstation, die wertvolle Informationen über uns selbst und unser Leben liefert, die unbedingt beachtet werden müssen.

Wir halten Gedanken für so etwas wie unser Eigentum: „Das sind MEINE Gedanken.“ Identifizieren uns mit dem, was wir denken. Denken, dass wir sind, was wir denken. Und kämpfen dann damit, bestimmte Gedanken zu haben und andere nicht. In Wahrheit sind Gedanken viel zufälliger, willkürlicher, unpersönlicher, neutraler und flüchtiger, als wir denken. Was in Ihrem Bewusstsein auftaucht, sind nicht „IHRE“ Gedanken. Es sind einfach nur Gedanken. Selbst eine Überzeugung, die Sie hegen, ist nur ein Gedanke, den Sie immer wieder denken und für wahr halten. Nicht mehr.

Sie haben Gedanken, sind aber nicht diese Gedanken. Sie sind unabhängig von all diesen Gedanken.

Praktisch gesprochen: Sie sind nicht traurig, Sie haben traurige Gedanken. Sie sind nicht gestresst, Sie haben stressige Gedanken. Sie sind nicht depressiv, Sie haben depressive Gedanken. Und so wie Wolken haben diese Gedanken eine gewisse Substanzlosigkeit und Flüchtigkeit – selbst die dichtesten Wolken sind nicht so fest, wie sie zu sein scheinen.

Machen wir wieder einen kleinen Test:
Beobachten Sie ein Objekt in Ihrer unmittelbaren Umgebung. Die Wasserflasche, die ich beispielsweise gerade sehe, kann ich nicht *sein*, sonst könnte ich sie nicht beobachten. Um etwas zu beobachten, braucht es einen Beobachter. Das leuchtet jedem ein. Jetzt beobachten Sie noch einmal Ihre Gedanken. Was auch immer sich gerade in Ihrem Kopf abspielt, Sie können die Gedanken beobachten, die in Ihrem Bewusstsein auftauchen, aber Sie sind das nicht. Gedanken kommen und gehen, aber da ist etwas, das bleibt – immer da ist, unveränderlich. Da muss es noch eine weitere Instanz, einen Beobachter, in Ihnen geben. Dieser innere Zeuge, der stets präsent ist und ohne Urteil und ohne Wertung wahrnimmt, was ist, ist nur überlagert vom inneren Gedankenstrom. Daher ist nicht so einfach, zu erkennen, was Sie sind und immer sein werden: reine Wahrnehmung. Im Grunde braucht es nicht mehr als eine kleine Verlagerung des Bewusstseins, eine Veränderung der Perspektive, um Ihr wahres Selbst zu erkennen.

Wenn Sie Gedanken Gedanken sein lassen, sie weniger ernst nehmen und nicht alles für bare Münze nehmen, was Ihnen im Kopf herumgeistert, beruhigt sich der Kopf von ganz alleine. Und Ihre wahre Natur kommt zum Vorschein.

Wer Sie wirklich sind und was Sie suchen ist „vor“, „hinter“, „unter“ dem Denken.

Ihre wahre Natur ist vollkommen unberührt von Gedanken. Es gibt keinen grauen Himmel. Der Himmel ist immer blau – unberührt von jeglichen Wolken. Somit ist es nicht sinnvoll zu versuchen, die Wolken zu vertreiben, graue gegen rosa Wolken einzutauschen oder sonst irgendwie am Denken herumzulaborieren. Was Sie wirklich suchen, ist „hinter“, „unter“, „vor“ dem Denken immer da. Solange Sie allerdings damit beschäftigt sind, WAS und WIE sie denken, übersehen Sie, wer Sie wirklich sind. Und solange Sie sich damit identifizieren, WAS und WER sie *nicht* sind, übersehen Sie, wer Sie wirklich sind.

Hinter allen Gedanken ist reines Sein. In diesem Zustand gibt es keine Angst, keine Sorge und keinen Stress. Ohne Denken gibt es kein Problem. Hinter den Wolken ist immer der Himmel. Für den Himmel ist jede Wolke in Ordnung und nicht mehr als eine vorübergehende Erscheinung.

Machen wir noch eine praktische Übung:

Beobachten Sie wiederum Ihre Gedanken. Stellen Sie sich Ihre Gedanken wie Wolken vor, die am Horizont dahingleiten und irgendwann wieder aus Ihrem Blickfeld verschwinden. Ganz von allein. Bemerken Sie, wie Gedanken auftauchen, und lassen Sie sie einfach vorbeiziehen – ohne daran festzuhalten. Nehmen Sie sie kommentarlos zur Kenntnis, wie ein Gespräch, das Sie zufällig hören, das Sie aber nicht interessiert.

Wenn Sie Ihre Gedanken auf diese Weise beobachten, achten Sie mehr und mehr auf die Lücken zwischen den einzelnen Gedanken: den Himmel zwischen den Wolken. Wenn das Denken für einen kurzen Augenblick pausiert, sind Sie voll und ganz da. Ihr „Ich“ ist verschwunden, aber Sie sind da.

Sie sind der unbegrenzte Raum, in dem die Erfahrungen stattfinden. Der Raum, der für alles offen ist und von allem, was in ihm erscheint, unberührt bleibt. Jede Erfahrung darf kommen und gehen. Nichts muss vermieden werden. Das ist wahre Freiheit.

Hier finden Sie Ihr Zuhause: Friede, Freude, Stille, bedingungslose Liebe, Glückseligkeit. Dieser natürliche Seins-Zustand ist vollkommen unabhängig von äußeren Umständen und Gegebenheiten. Dieses natürliche Wohlsein hat nichts mit Ihren Gedanken zu tun, denn es ist nur „hinter“ Ihrem Verstand zu finden – in der Stille zwischen allen Gedanken. Diese Gefühlszustände entspringen dem reinen Bewusstsein – Ihrem wahren Wesen.

Was Sie in Ihrem Alltag überprüfen können:
Beobachten Sie, wie Gedanken, Gefühle und Erfahrungen auftauchen und wieder verschwinden. Und achten Sie darauf, was immer bleibt und unverändert ist. Auf den Raum, in dem sich all das zeigt, was kommt und geht. Auf den Teil in Ihnen, der beobachtet und alles wahrnimmt. Auf Ihre Essenz, die vollkommen gelassen ist, was auch immer auftaucht.

Warum bist du unglücklich?
Weil 99,9 % von allem, was du denkst, und allem, was du tust, deinem Ich gelten – und das existiert nicht.
Wu Wei Wei

ALLES ist erdacht. Alles ist ein Traum.

Dieses Kapitel widerspricht wahrscheinlich allem, was Sie seit Ihrer Kindheit gelernt haben, und vermutlich allem, was Ihr Hausverstand sagt. Wundern Sie sich nicht, wenn beim Lesen Widerstand auftaucht, Sie skeptisch sind oder sich verwirrt, verärgert oder unwohl fühlen. Das wäre durchaus normal.

Lange Zeit verstand ich die schöpferische Ebene so, dass *ich* mit meinem Denken meine Realität erschaffe. Wenn etwas unrund läuft, ist *mein* Denken verkehrt und das muss ich ändern, dachte ich. Aus subjektiver Realitätswahrnehmung ist hier etwas Wahres dran und diese Annahmen sind Teil des menschlichen Spiels. So scheint es, als könnten wir mit zunehmendem Bewusstsein das Leben mehr und mehr unter Kontrolle bekommen. Wenn ich meine schöpferische Kraft bewusst nutze und richtig denke, dann läuft alles nach meinem Plan. So dachte ich.

Ein kosmischer Scherz. Mit zunehmendem Bewusstsein erkennen wir nämlich, dass wir nichts unter Kontrolle haben. Also zumindest dieses kleine „Ich“, mit dem wir uns irrtümlich identifizieren, hat nichts unter Kontrolle. Die Illusion, der ich lange Zeit unterlag – und es passiert mir immer noch regelmäßig: Ich dachte, nur ein Teil meiner Erfahrung wird durch mein Denken erschaffen. Der Rest meiner Erfahrung ist „real“.

Vor allem dachte ich, dass „ich" – Su Busson – „real" bin. Ich übersah die Wahrheit, auf die mich meine Lehrer immer und immer hingewiesen haben: Nicht nur bestimmte Erfahrungen werden durch Gedanken erschaffen. Die ganze Realität basiert auf dem schöpferischen Prinzip des Denkens.

> ALLES ist erdacht. Selbst unser so real erscheinendes „Ich" ist nicht mehr als ein Gedankenkonstrukt.

Denken ist für uns Menschen so natürlich wie Wasser für Fische. Uns ist bewusst, dass wir denken. Weniger bewusst ist uns, dass das Prinzip des Denkens unser gesamtes Leben hervorbringt. Ohne Denken gäbe es keine persönlichen Erfahrungen, keine Abgrenzung, keine Wahrnehmung, keine Unterscheidung, kein Ich. Alles wäre eins. Der Gedanke ist der Urstoff aller Dinge. Er ist die Information, die eine Manifestation in Zeit und Raum ermöglicht. Er ist die Substanz, die Allbewusstsein auf individuelles Bewusstsein begrenzt, die Illusion eines getrennten Ichs erzeugt und damit individuelle Erfahrungen möglich macht.

„Am Anfang war das Wort, und das Wort war bei Gott", heißt es im Johannes-Evangelium. Wir können es auch so ausdrücken: Am Anfang war der Gedanke und der Gedanke war beim universellen Bewusstsein.

Das ganze Universum besteht letztendlich nur aus Gedanken und Gedankenkonzepten. Was immer Sie glauben, sehen und für wahr halten ist aus Gedanken erschaffen.

Dieses Wunder des Daseins sprengt die Vorstellungskraft eines gesunden Menschenverstandes – zumindest ging es mir zunächst so. Hier hilft wiederum der Vergleich mit einem nächtlichen Traum. Wenn ich träume, scheint alles, was im Traum auftaucht, real zu sein. Mein Traum-Ich und mein Körper, all die anderen Menschen, die Landschaft und das ganze Traumgeschehen scheinen echt zu sein. Gut möglich, dass der Traum wunderbar ist und ich großartige Erfahrungen mache. Gut möglich, dass ich im Traum ein ernsthaftes Problem habe; mich ein wildes Tier verfolgt, jemand stirbt, ich im Flugzeug abstürze oder ich mich mit jemandem schrecklich streite.

Vollkommen gleichgültig, was im Traum passiert, nichts davon ist „real". Ich habe alles geschaffen und alles geschieht in meinem Bewusstseinsraum. Mein Traum-Ich – so real es auch zu sein scheint – ist nur eine Illusion und nur eine erdachte Figur in meinem Traum. So wie alles, was im Traum auftaucht. Und jede Figur im Traum ist absolut sicher und heil, was auch immer sie erlebt.

Zurück zu unserem Dasein. Der universelle Geist „träumt" und in diesem Traum befinden sich 7,7 Milliarden Traumfiguren, die alle ihre Erfahrungen machen. Eine davon sind Sie. Solange Sie „schlafen", identifizieren Sie sich mit dieser Traumfigur und erleben, was auch immer Sie erleben. Vielleicht fühlen Sie sich als Opfer der Umstände. Vielleicht denken Sie, dass Sie alles unter Kontrolle haben und mit Ihrem Denken die ganze Show steuern. Vielleicht fangen Sie aber auch langsam an aufzuwachen und sich daran zu erinnern, wer Sie wirklich sind. Was auch immer passiert, es ist nicht die Entscheidung und der Wille des Traum-Ichs. Welche Rolle Sie auch immer in diesem Traum spielen und was auch immer Sie erleben, in Wahrheit sind Sie nicht die Traumfigur, sondern der Träumer. Der erhabene Träumer, der diese ganze Traumwelt erschafft – das ganze raum-zeitliche Universum inklusive aller Figuren darin. Aber bleiben wir erst mal beim „Ich".

Wenn wir auf die Welt kommen, wissen wir nichts von unserem „Ich" und leben im Jetzt. Präsent im Augenblick. Wir sind damit beschäftigt, zu *sein*. Mit der Zeit beginnen wir, ein „Ich"-Gefühl zu entwickeln und uns mehr und mehr mit dem zu identifizieren, was in unserem Kopf vorgeht – und unterliegen damit der Illusion, von allem getrennt zu sein. Was wir als „Ich" bezeichnen – alle Erinnerungen, Vorstellungen, Gedanken und Gefühle – sind lediglich Formen, die im Bewusstsein auftauchen. Dieses „Ich" ist durchaus wertvoll. Ein Ich-Bewusstsein ermöglicht uns, individuelle menschliche Erfahrungen zu machen und unsere Einzigartigkeit zum Ausdruck zu bringen. Durchaus praktisch ist dabei auch ein Name, auf den wir hören, wenn man uns ruft.

Das Problem ist nur Folgendes: Wir nehmen alles, was in unserem Bewusstsein auftaucht, persönlich – *meine* Erinnerungen, *meine* Vorstellungen, *meine* Gedanken und *meine* Gefühle – und identifizieren uns völlig damit. Aus *„Ich bin"* wird „Ich bin Su Busson, eine Frau, Wienerin, Matrix-Coach, systemische Beraterin, Autorin, Yogi, brünett, sportlich, naturverbunden und so weiter". So könnte jeder von uns eine lange Geschichte darüber erzählen, wer er ist und was ihn ausmacht. Dabei verlieren wir den Kontakt zu unserem wahren Selbst und damit das Bewusstsein, dass alles eins und untrennbar miteinander verbunden ist. Wir halten uns für ein an den Körper gebundenes, sterbliches Wesen und sehen da draußen eine Welt, die getrennt und scheinbar unabhängig von uns existiert. Das ist die Wurzel aller Probleme. Das ist die

Wurzel für jede Art von Stress. Wir verfallen in einen Traum und das „Ich“ ist in dem Traum damit beschäftigt, zu *tun*, zu *haben* und zu *bekommen*. Beschäftigt damit, Schmerzvolles zu vermeiden und Freudvolles zu erleben. Willkommen in einer traumhaften menschlichen Erfahrung. Dieser Traum kann schön sein, ein Alptraum oder – was meistens der Fall ist – eine bunte Mischung aus beidem. Doch er ist niemals die Wirklichkeit.

Viele religiöse Lehren – besser gesagt die Art und Weise, wie diese Lehren ausgelegt werden – und viele weltliche Formen der Psychotherapie oder der Persönlichkeitsarbeit stärken unsere Vorstellung von einem getrennten „Ich“. Wir suchen nach Erklärungen, warum dies oder das in unserem Leben geschehen ist und stellen Überlegungen an, was wir tun müssen, sollen oder können, um einerseits mit der Vergangenheit klarzukommen und andererseits unsere Zukunft zu verbessern. Manche Menschen bemühen sich beispielsweise darum, ein guter Mensch zu sein, um irgendwann in den Himmel zu kommen oder um nicht als Ameise wiedergeboren zu werden. Andere analysieren jahrelang ihre Vergangenheit, um zu erfahren, warum sie heute so sind, wie sie sind. Andere üben sich darin, positiver zu denken oder zu visualisieren, um ihre Zukunft zu verändern. Auf diese oder ähnliche Weise arbeiten wir an der Entwicklung unserer eigenständigen Persönlichkeit, in der Hoffnung, irgendwann dauerhaft glücklich zu sein. Der Begriff Persönlichkeit stammt übrigens vom lateinischen Wort „persona“, was auch „Maske“ oder „Rolle“ bedeutet. Wir bemühen uns darum, eine bessere Rolle zu spielen. Anders ausgedrückt: Wir arbeiten mit den Geschichten, die uns der Verstand über unsere Vergangenheit und unsere Zukunft erzählt, und verschönern unser Gedankenkonstrukt namens „Ich“, um in unserem Traum besser zurechtzukommen.

Verstehen Sie mich nicht falsch, das kann durchaus hilfreich und sinnvoll sein, und dagegen ist gar nichts einzuwenden. Immerhin arbeite ich selbst seit Jahren als Coach mit Persönlichkeitsanalysen. Auf Basis der genauen Geburtsdaten zeige ich meinen Klienten ihre Matrix – die genetische Blaupause, mit der sie in diese Welt gekommen sind. Das ist wie eine persönliche Betriebsanleitung und sehr nützlich, um sich seiner Einzigartigkeit bewusst zu werden, um „einfach man selbst zu sein“ und die Rolle zu spielen, die man eben zu spielen hat – und zwar stressbefreit. So wie eine Rose eine Rose ist, eine Tulpe eine Tulpe und ein Edelweiß ein Edelweiß, drückt sich das universelle Bewusstsein auch in jedem Menschen auf einzigartige Weise aus. Zu wissen, was in Ihnen angelegt ist, hilft Ihnen, zu sein, wie Sie von Natur aus sind, und authentisch zu leben.

Aus meiner Erfahrung beginnt allerdings eine wirklich tiefgreifende und dauerhafte Veränderung erst dann, wenn wir beginnen aufzuwachen und uns daran zu erinnern, wer wir *wirklich* sind, und was durch dieses „Ich“ zum Ausdruck kommt.

Es geht darum Ihre Rolle zu durchschauen und wahrzunehmen, was hinter der Maske steckt – und zwar hinter jeder Maske, egal, wie Sie aussieht, und egal, ob sie schön oder hässlich ist. Um Ihr wahres Selbst zu erkennen, müssen Sie nichts tun und nichts lernen, nur aufhören, sich an Ihr „Ich“ zu klammern und sich mit Ihren Gedanken zu identifizieren. Hinter allen Gedanken ist reines Sein. Sie sind vollkommen in Ordnung. Rund um die Uhr. Nichts, was Sie denken, fühlen oder tun, wird diese einfache Tatsache ändern. Weder irgendwelche Umstände noch Zustände jeglicher Art können an DEM etwas verändern, WAS SIE WIRKLICH SIND. Denn alle Umstände und Zustände kommen und gehen – sind also letztlich Illusion. Alles, was erscheint und vergeht ist nur ein vorübergehender Ausdruck von Ihnen. Doch Sie sind das, in dem alle Erscheinungen auftauchen und vergehen. Ewig und unveränderlich.

Kommen wir zurück zu dem, was heute so oft verkündet wird: „Du erschaffst deine Realität. Du kannst deine Realität selbst gestalten. Du hast einen freien Willen und kannst alles erreichen, was du willst."

Wenn Sie diese oder ähnliche Botschaften in einem „abgespaltenen" Zustand hören, wird die Illusion des Verstandes genährt, das Leben unter Kontrolle haben zu müssen und es nach dem eigenen Willen beeinflussen zu können. Dieses oder jenes sollte nicht sein. Dieses oder jenes sollte so oder so sein. Sie versuchen alles Mögliche und Unmögliche, um unglückliche Lebensumstände zu verändern und glücklichere zu manifestieren. Auch das ist ein Teil des universellen Traums. Nichts ist verkehrt daran.

Wenn Sie allerdings aufwachen wollen, wird es Zeit, sich zu erinnern: Es gibt kein „Ich", das getrennt von „allem, was ist", existiert. Damit gibt es auch kein „Ich", das eine Wahl treffen und das eigene Leben nach eigenen Vorstellungen gestalten könnte. Sie können nur *denken*, einen freien Willen zu haben. Das mag zunächst erschreckend klingen. Wenn Sie aber anfangen sich daran zu erinnern, wer Sie wirklich sind, dämmert Ihnen, dass alles Ihr Wille ist und Sie alles erschaffen haben. Dass alles ein Ausdruck von Ihnen ist. Dass alles eins ist.

Was wäre,

- wenn Sie wüssten, dass alles ein göttlicher Traum ist?
- wenn Sie wüssten, dass Sie OK sind, egal was passiert?
- wenn Sie wüssten, dass Sie nichts falsch machen könnten?
- wenn Sie keine Erfahrung fürchten müssten?
- wenn alles sein darf, wie es ist?

Ich halte das Leben inzwischen für ein wunderschönes Spiel, das ich für mich selbst geschrieben habe. Meine Absicht ist es, meine Rolle mit möglichst viel Spaß zu spielen.

SHIRLEY MACLAINE

Das göttliche Spiel

So gut wie jeder Mensch ist auf der Suche. Auf der Suche nach Mitteln, Wegen und Möglichkeiten, um sein Leiden zu beenden und möglichst dauerhaft glücklich zu sein. Mit allem, was wir bisher besprochen haben, können wir diese menschliche Suche noch einmal in einem Theaterstück mit vier Akten zusammenfassen.

1. Akt – Haben

Wir glauben, die richtigen Dinge, Beziehungen und Umstände HABEN zu müssen, um uns Leid und Stress zu ersparen und glücklich sein zu können: ein volles Bankkonto, einen Partner, brave Kinder, ein schönes Haus, eine tolle Figur, ein faltenfreies Gesicht, einen bestimmten Jahresumsatz usw. Davon erhoffen wir uns so erstrebenswerte Gefühle wie Sicherheit, Liebe, Anerkennung, Wertschätzung, innere Ruhe und Ähnliches.

Logischerweise glauben wir in diesem Teil des Stücks auch, dass wir bestimmte Dinge, Menschen und Umstände nicht verlieren dürfen und andere in unserem Leben vermeiden müssen.

Kurz: Wenn ich X habe, geht es mir gut. Wenn Y passiert, geht es mir gut. Wenn Z (nicht) passiert, geht es mir schlecht. Und schon geht das Theater los.

2. Akt – Tun

Wir glauben, die richtigen Dinge TUN zu müssen, um glücklich zu sein: die eigene Berufung finden, eine bestimmte Art von Sport, bestimme Rituale, Schokolade essen, uns gesund ernähren, regelmäßig spazieren gehen, Zeit mit der Familie verbringen, stressvollen Situationen und negativen Menschen aus dem Weg gehen, täglich meditieren, von Klippen springen, Alkohol trinken, shoppen oder Drogen einwerfen. Auch bei all diesen Aktivitäten geht es letztlich um Gefühle und darum, welche Empfindungen sie in uns auszulösen scheinen.

Kurz: Wenn ich X tue, geht es mir gut. Wenn ich Z tue, geht es mir schlecht.

3. Akt – Denken

Im ersten Teil des dritten Aktes glauben wir, die richtigen Dinge DENKEN zu müssen, damit wir das bekommen, erreichen und haben, was wir meinen zu brauchen (eine kleine Reprise des ersten Aktes).

Im zweiten Teil des dritten Aktes beginnen wir zu verstehen, wie Gedanken unsere Realität von Moment zu Moment erschaffen und wir nicht die Welt, sondern immer nur unsere momentanen Denkprozesse erleben. Was uns zwar unabhängig von äußeren Umständen und bestimmten Aktivitäten macht, es aber umso wichtiger erscheinen lässt, dass wir positiver denken, wofür wir in Folge alles Mögliche und Unmögliche tun (eine kleine Reprise des zweiten Aktes).

Im dritten Teil des dritten Aktes wird uns bewusst, dass das schöpferische Prinzip des Denkens ALLES kreiert. Dass GEDANKEN die Energie, die spirituelle und kreative Kraft sind, die es uns ermöglicht, dieses Leben zu erfahren. Das schöpferische Prinzip des Denkens ist der magische Farbpinsel des

Universums. Der Pinsel, der unendlich viele individuelle Geschichten auf die Leinwand des Lebens malt und real werden lässt. Er lässt uns all unsere Erfahrungen machen. Keine davon müssen wir fürchten.

4. Akt – Sein

Wir erinnern uns wieder daran: ALLES ist Bewusstsein. Allumfassendes Bewusstsein, universelle Energie, Gott oder welchen Namen Sie dafür verwenden wollen. Alles ist das EINE. Alles ist Es. In welcher Form auch immer es sich ausdrückt. Es ist die Quelle allen Lebens. Alles ist eins. Aber Einheit kann nur in der Dualität erfahrbar werden.

Stellen Sie sich einmal vor, Sie wären ALLES. Das ist natürlich unvorstellbar, denn wenn Sie alles wären, hätten Sie keine Vorstellung von sich. Nicht-Dualität heißt letztlich absolute Unwissenheit. Nicht wissen, wer oder was Sie sind. Nicht wissen, was Leben ist. Nicht wissen, was ein Baum, ein Apfel, ein Vogel, ein Mensch, ein Körper, ein Gedanke oder ein Gefühl ist. Nicht einmal wissen, was Unwissenheit ist. Um sich erfahren zu können, muss sich formloses Allbewusstsein begrenzen und in Form bringen.

Sind Sie bereit ein Spiel zu spielen?

Können Sie sich noch daran erinnern, wie Sie als Kind mit Playmobil-Männchen (vielleicht waren es auch Puppen oder Lego-Figuren) spielten und eine ganze Playmobil-Welt erschufen? Wie Ihre Figuren die wildesten Geschichten und Abenteuer erlebten, die Sie alle selbst inszenierten?

Lassen Sie uns diese Art von Spiel auf eine unfassbar große Dimension ausdehnen. Sagen wir, Sie – als grenzenlos universelles Bewusstsein – erschaffen eines Tages das Universum. Stellen Sie sich ein riesengroßes Spielfeld namens Erde vor, das ein winzig kleiner Teil Ihrer Schöpfung ist. Auf dieses Spielfeld projizieren Sie unterschiedlichste Formen und Figuren, die alle von Ihnen erschaffen, belebt und bewegt werden. Alles ist ein Ausdruck von Ihnen. Sie inszenieren dort ein Spiel mit unterschiedlichsten begrenzten und vergänglichen Erscheinungen. Sie kennen natürlich jeden Spielzug, schließlich ist alles von Ihnen geplant und gesteuert. Sie wissen, dass jede Figur ihre perfekte Rolle spielt im großen Ganzen. Keine der Figuren hat einen freien Willen, keine kann einen Fehler machen, keine hat Verantwortung. *Sie* sind für alles verantwortlich, was auf diesem Spielbrett geschieht. Ihr Wille geschieht immer. Alles ist vollkommen.

Irgendwann wird es öd, so alleine vor sich hin zu spielen. Sie wissen immer, was, wann und warum es geschieht – es ist ja alles Ihr Spiel. Sie können keine echten Erfahrungen machen. Sie können zwar spielen, dass eine Figur traurig ist, können aber Trauer nicht erfahren. Sie können zwar spielen, dass sich eine Figur freut, können aber Freude nicht erfahren. Und Sie können vor allem die allumfassende Liebe nicht erfahren, die Sie sind. Das Ganze hat keinen Reiz. Es ist wie Fußball ohne Mitspieler, ohne Gegner und ohne Tormänner. Wie Bergsteigen ohne Berg. Wie Wellenreiten ohne Wellen. Oder wie ein Kinofilm ohne Höhen und Tiefen. Langweilig.

Plötzlich haben Sie eine Idee. Um das ganze Spiel spannender zu machen, wollen Sie es aus der Perspektive einer Figur erleben. Sie müssen Ihr Allbewusstsein begrenzen. Suchen Sie sich dazu einfach eine Figur auf Ihrem Spielfeld aus, geben Sie ihr einen Namen (Ihren weltlichen Namen) und schlüpfen Sie in die Haut dieser Figur. Vergessen Sie, dass das Ganze Ihr perfekt von Ihnen organisiertes Spiel ist. Schauen Sie nur noch mit den Augen dieser Figur und identifizieren Sie sich völlig mit ihr.

Aus dieser Perspektive sehen Sie viele andere Figuren, die getrennt und scheinbar unabhängig von Ihnen existieren. Diese Figur ist nämlich mit einem wahrnehmenden Bewusstsein und einem Denkorgan ausgestattet, das nicht nur die Illusion eines getrennten „Ich" erschafft, sondern ständig unterscheidet, selektiert, interpretiert, analysiert, beurteilt und bewertet und die Illusion von Zeit und Raum ermöglicht. Außerdem hat Ihre Figur Sinne, die Ihnen den Eindruck vermitteln, Sie könnten Dinge sehen, hören, riechen, schmecken und tasten, die unabhängig von Ihnen real sind. Alle von außen kommenden Sinnesreize und all Ihre Erfahrungen bekommen einen Stempel: gut – schlecht – neutral – angenehm – unangenehm – unbekannt – bekannt – in Ordnung – bedrohlich – anstrebenswert oder besser zu vermeiden. Da draußen passiert vieles, was Ihnen absolut nicht gefällt, von Vollkommenheit keine Spur. Es passiert aber auch vieles, was wünschenswert scheint. Ihr inneres Spielprogramm, das Ihr Überleben sichert, sorgt dafür, dass Sie Schmerzvolles vermeiden und Freudvolles anstreben. Dabei sind zwei unterschiedliche Denkweisen im Spiel:

Sie denken, äußere Umstände verursachen Ihr (Er)Leben.
Fühlen Sie sich einmal in Ihre Figur hinein. Da sind Figuren, Dinge und Ereignisse, die außerhalb und unabhängig von Ihnen sind, und Sie denken, Ihr Wohlsein hängt davon ab. Was Ihnen im Außen widerfährt, bestimmt, wie es Ihnen geht. Mit dieser Idee haben Sie automatisch Angst, etwas zu bekommen, was Sie nicht wollen, etwas nicht zu bekommen, was Sie wol-

len oder etwas zu verlieren, das Sie haben. Entweder Sie fühlen sich als Oper der Umstände oder Sie haben das Gefühl, ständig etwas tun zu müssen, um die äußeren Umstände in den Griff zu bekommen. Sie müssen also kämpfen, sich wehren, verteidigen, aufpassen, schützen, sorgen, etc. Sich zu entspannen und im Kopf zur Ruhe zu kommen ist schwer. Das Leben ist anstrengend und stressig. In jedem Fall sind Sie unfrei.

Tief in Ihrem Innersten wissen Sie, dass hier irgendetwas verkehrt läuft.

Sie denken, Sie erschaffen Ihre Realität selbst.

Bleiben Sie in Ihrer Vorstellung in Ihrer Figur und denken Sie diesmal, dass Sie Schöpfer sind. Alles hängt von Ihnen ab. Das heißt, Sie sind nicht abhängig davon, was geschieht, sondern selbst dafür verantwortlich: Sie haben einen freien Willen. Mit Ihrem Denken kreieren Sie Ihr Leben. Alles, was passiert, ist Ihre Wahl und Ihre Schöpfung.

Vielleicht erfüllt Sie diese Sichtweise sofort mit Angst und Stress. Sie denken: „Hilfe, ich bin doch nur diese kleine Figur, wie soll das gehen?“ Sie haben Angst, dieser Verantwortung nicht gewachsen zu sein. Sie fragen sich, wie Sie das Ganze jemals unter Kontrolle bekommen sollen. Sie haben Angst, etwas Falsches zu denken oder zu tun. Sie fühlen sich schuldig, weil Sie andere leiden sehen. Oder schuldig, wenn Sie selbst leiden und das mit der Erschaffung Ihrer Realität nicht wie gewünscht auf die Reihe bekommen.

Vielleicht ist Ihnen diese Sichtweise zunächst aber auch ausgesprochen angenehm. Sie nehmen die Verantwortung an und sagen „Ja sicher, ich bin der Schöpfer meines Lebens.“ Sie merken, dass wirklich die Dinge passieren, die Sie wollen. Dass wahr wird, was Sie für wahr halten. Sich (zumindest die meisten) Wünsche erfüllen. Was Ihrer Meinung nach nicht gut läuft, klammern Sie aus Ihrer Verantwortung aus. Menschen oder Umstände, die unangenehm sind, sind nicht Teil Ihrer Schöpfung, denken Sie. Krankheit, Unglück, Misserfolge etc. sind Geschichten, die anderen passieren und nicht in Ihren Zuständigkeitsbereich fallen. Dort schauen Sie besser nicht näher hin. „Selbst schuld. Jeder ist seines eigenen Glückes Schmied", sagen Sie vielleicht. Sie dürfen nur ja nicht innehalten, sonst spüren Sie die Angst, dass Sie letztlich nichts unter Kontrolle haben und dass es genauso gut Sie treffen könnte.

Identifizieren Sie sich weiterhin mit Ihrer kleinen Figur und machen Sie sich bewusst, dass Sie die Verantwortung für ALLES haben, was geschieht. Spätestens jetzt haben Sie Panik. Ich – als kleine Figur – kann doch unmöglich für Krankheit, Tod, Krieg oder Naturkatastrophen verantwortlich sein, denken Sie. Was bin ich für ein Monster, wenn ich das erschaffen habe? Und wozu das Ganze?

Tief in Ihrem Innersten wissen Sie, dass auch an dieser Sichtweise etwas nicht stimmt. Irgendwo in Ihnen ist die Erinnerung begraben, dass Sie unendlich viel mehr sind, als Sie denken. Und irgendwann ist es so weit:

Sie beginnen, sich an die Wahrheit zu erinnern.

Nehmen wir jetzt einmal an, Sie – als Ihre kleine Figur – haben genug von dem Spiel. Sie wollen raus aus der Angst und dem Stress. Egal, was Sie tun oder nicht tun, die Figur kann nicht aus dem Spiel aussteigen, sie muss auf dem Spielfeld bleiben und die Rolle spielen, die sie eben spielt. Doch Sie können aufwachen und sich daran erinnern, was hier gespielt wird. Sich erinnern, dass Sie sich begrenzt haben und in diese Figur mit all Ihren Wesenszügen hineingeschlüpft sind, um dieses Spiel am eigenen Leib zu erfahren – ein Spiel, das Sie inszeniert und perfekt geplant haben. Erkennen, dass Sie nur *denken*, diese Figur zu sein. Und in Wahrheit alles ein Ausdruck der universellen Quelle ist.

Möglicherweise sind Sie jetzt völlig verwirrt: Haben Sie einen freien Willen oder nicht? Treffen Sie eigene Entscheidungen oder nicht? Sind Sie verantwortlich für alles, was geschieht, oder nicht?

Die Antwort auf all diese Frage hängt einzig und allein davon ab, wer oder was Sie glauben zu sein. Solange Sie sich mit Ihrer Figur – Ihrem Ich und Ihrem Körper identifizieren, gilt Folgendes: Sie haben keinen freien Willen und keine Wahl. Sie denken höchstens, einen freien Willen und eine Wahl zu haben. In Wahrheit ist kein getrenntes „Ich" da, das eine Wahl trifft. Sie machen immer genau das, was am Spielplan steht. Jeder macht das. Alles geschieht nach dem großen Drehbuch. Sie sind nicht verantwortlich für das, was geschieht. Genauso wenig, wie irgendjemand anderer. Sie können das Drehbuch auch nicht ändern. Es gibt nur allumfassendes Bewusstsein, das sich durch einzelne Körper/Geist-Vehikel ausdrückt und handelt. Es war nie irgendetwas falsch und es wird nie irgendetwas falsch sein. Sie dürfen sein, wie Sie sind, und Sie sind perfekt, genau so, wie Sie eben sind. Nichts kann schiefgehen.

Sobald Sie sich daran erinnern, wer oder was Sie wirklich sind, wird Ihnen langsam wieder bewusst: Das Ganze ist Ihr Drehbuch. Sie haben eine Rolle gewählt. Sie haben sich die Figur ausgesucht, in die Sie hineingeschlüpft sind und von der Sie jetzt glauben, sie zu sein, um Erfahrungen zu machen. So gesehen haben Sie alles gewählt, was mit Ihnen geschieht. Alles ist Ihre Wahl und Sie erfahren, was Sie erfahren möchten. Sie können „Ja" zum Drehbuch Ihres Lebens sagen.

Langsam dämmert Ihnen auch, dass in Wahrheit ALLES ein Ausdruck von Ihnen ist. Jeder Mensch, der Ihnen begegnet. Dass Sie in Wahrheit der Schöpfer von allem sind. Nichts ist außerhalb von Ihnen. Und alles, was geschieht, geschieht aus Liebe und dient dazu, sich selbst zu erfahren.

Wenn alles ein göttliches Spiel und absolut vollkommen ist:

- Was soll Sie stressen?
- Wovor wollen Sie noch Angst haben?

Erleuchtung ist das Verstehen, dass du nirgendwohin gehen
musst, nichts tun musst und niemand sein musst,
außer genau der Mensch, der du jetzt bist.
NEALE DONALD WALSCH

Vom Suchen und Finden

Sicherheitshalber möchte ich an dieser Stelle noch einmal eines klarstellen: Es handelt sich hier lediglich um Konzepte und Wegweiser, die keineswegs die absolute Wahrheit widerspiegeln, sondern nur meinen Stand der Erfahrung oder besser gesagt meinen momentanen Stand des Irrtums wiedergeben. Die Wahrheit lässt sich nicht in Worte fassen. Worte sind lediglich ein Mittel, um in die richtige Richtung zu zeigen, so wie ein Finger auf den Mond zeigen kann, aber niemals der Mond sein wird. Wer Sie wirklich sind, lässt sich nicht beschreiben.

So weit, so klar. Schauen wir uns an dieser Stelle den Unterschied zwischen einer Einheitserfahrung und dauerhafter Erleuchtung an. Letztere wird als „wahre Erleuchtung" bezeichnet. In dieser höchsten Form ist jegliches Ich-Bewusstsein verschwunden und kehrt nicht mehr zurück. Jegliche Identifikation mit dem Körper, dem denkenden und fühlenden Geist und dem eigenen Namen ist aufgelöst. Wahre Erleuchtung bedeutet das Ende einer „Person". Der Mensch empfindet nur noch reines Sein und lebt im Einheitsbewusstsein mehr oder weniger „normal" in der physischen Welt. Er tut, was er eben tut, oder lässt vielmehr geschehen, was durch ihn geschehen soll. Von Menschen wie Buddha, Lao Tse, Ramana Maharshi, Eckhart Tolle oder Byron Katie ist bekannt, dass sich ihr Ich-Gefühl plötzlich und für immer verabschiedet hat und nur noch ein Zustand reinen Seins übrigblieb. Es geschieht, wenn es geschieht. Doch die mit einem Schlag einsetzende vollkommene Erleuchtung ist äußerst selten. Dem „plötzlichen“ Ereignis göttlicher Gnade und dem dauerhaften Verweilen im universellen Bewusstsein geht oft ein langer – eher schmerzvoller – Prozess voran. Eine Reise mit vielen Zwischenstufen, die selbst nach dem Höhepunkt der wahren Erleuchtung noch weitergeht. Wie dieser Transformationsprozess vom Ich-Bewusstsein zum universellen Bewusstsein abläuft, ist sehr individuell und einmalig. Auch das gehört zum Spiel der universellen Quelle. Sie offenbart sich selbst auf vielfältigste Weise.

Ein Irrweg – oder einfach eine weitere Spielart der Quelle – ist, die Wahrheit zu suchen. Wahrheit ist. Jetzt. Immer. Sie können sie nicht finden, weil sie nie verlorengegangen ist. Und sie geht nicht verloren, weil sie eins ist, mit dem der sucht. Der Suchende ist der Gesuchte.

> Der kosmische Witz ist: Sie sind bereits das, was Sie suchen.

Der nächste Irrweg – oder eine weit verbreitete Spielart – liegt darin, an bestimmen Zuständen festhalten zu wollen. Alle Zustände sind von Natur aus vergänglich. Sie kommen und gehen.

Damit zu den kleineren und größeren Erleuchtungsmomenten. Bei einer Einheitserfahrung verschwindet das Gefühl, ein begrenztes Ich zu sein, für einen kurzen Moment oder sogar für eine ganze Weile und wir erkennen die Wirklichkeit – die Einheit allen Seins. Ob Ihnen das bewusst ist oder nicht, Sie kennen solche Augenblicke garantiert. „Ich bin ganz im Moment aufgegangen“, heißt es dann oft. Das, was Menschen von solchen Erfahrungen zu berichten wissen, reicht von tiefem Glücksempfinden über mystische Erlebnisse oder spektakuläre Bewusstseinszustände bis zu einem stillen Gefühl vollkommenen Friedens und innerer Ruhe. Was allen gemeinsam ist: Der Zustand hat ein Ende.

> Alles fließt und nichts bleibt. So verändert sich auch alles, was wir in uns wahrnehmen und empfinden.

Keine Frage, Einheitserfahrungen können eine zutiefst heilende und verwandelnde Wirkung haben. Doch selbst außergewöhnliche Erlebnisse verblassen wieder; oder schlimmer noch, enden in einer Realitätsflucht. Unser „Ich" holt uns wieder ein und wir stecken mehr oder weniger genauso in unseren Denk- und Verhaltensmustern fest wie vorher.

Um das Ganze ein wenig anschaulicher zu machen, kurz zu meiner Erfahrung: Meine lichtesten Momente hatte ich in manchen Meditationen, mit Übungen aus dem „Kurs in Wundern" und im Samadhi-Tank[9]. Darüber hinaus begegneten mir immer wieder Lehrer, die eine sehr hohe Energieschwingung ausstrahlten, die irgendwie ansteckend war. Mein intensivstes Erlebnis setzte nach einem einwöchigen Satsang[10] ein. Im Flugzeug auf dem Weg nach Hause hat sich irgendetwas in meinen Gehirnwindungen gelockert und mein „Ich" ist zusammengefallen wie ein Kartenhaus. Ich sah, dass alles vollkommen ist, so wie es ist. Nichts war jemals falsch. Es gab niemanden, der etwas falsch machen könnte. Die Wirklichkeit war perfekt, die Probleme nur im Kopf. Einige Wochen verbrachte ich in einem unbeschreiblich klaren und befreiten Zustand. Ich dachte, das war's. Von wegen. „Wenn du glaubst, du bist erleuchtet, besuch deine Eltern", lautet eine Weisheit und ich habe schon bald begriffen, was damit gemeint ist.

Die große Herausforderung waren nicht meine Eltern, aber der ganz normale Alltag. Damals hatte mir noch niemand erklärt, wo meine momentane Erfahrung wirklich herkommt und wie die Natur des Denkens funktioniert. So steckte ich schon bald wieder in einem Kampf mit „meinen" Gedanken und Gefühlen, war frustriert und im Widerstand mit dem Leben. Das ist ein kleiner Haken an den „Gipfelerfahrungen": Runterkommen ist ernüchternd. Ich wollte festhalten am High, wollte, dass es immer so bleibt oder dass es möglichst schnell wieder so wird. Und schon war ich wieder mittendrin im Spiel der Trennung, im Urteil, was gut und was schlecht ist. Glückseligkeit und innerer Frieden ade. Die Versuchung war groß, mich mehr aus der Welt zurückzuziehen, um diesen Bewusstseinszustand länger halten zu können und vor meinen vermeintlichen Problemen zu fliehen. Aber offensichtlich hatte das Leben etwas anderes mit mir vor und tauchte mich für eine Zeit lang noch mal mitten hinein in die Illusion. Bis ich sehr langsam, aber sicher erkannte, dass das alles zum Spiel gehört und dass alles ein Ausdruck der göttlichen Quelle ist – „ich" inklusive. Was auch immer ich erlebe oder tue, ist in Ordnung. Was auch immer passiert, ist in Ordnung. In diesem Bewusstsein fand ich einen tiefen inneren Frieden und ein Gefühl von Freiheit, das mich nie wieder verlassen hat. Egal, was sich an der Oberfläche abspielt, wie die Wellen schlagen und wie sehr es mich manchmal noch durchbeutelt.

In Ihrem wahren Sein ist Wohlsein dauerhaft, unzerstörbar und unerschütterlich. Freude, Stille, bedingungslose Liebe, Glückseligkeit, innere Sicherheit und inneren Frieden müssen Sie sich nicht verdienen, sich nicht erarbeiten oder daran festhalten. Es ist der unveränderliche Naturzustand Ihrer Seele. Jenseits aller Irrungen und Wirrungen des Lebens. Unabhängig davon, was in Ihrem Leben irgendwann passiert ist, jetzt gerade passiert oder nicht passiert. Und auch unabhängig davon, was Sie vielleicht gerade denken, fühlen oder tun. Unter all Ihren Gefühlen finden Sie eine tiefer liegende innere Gelassenheit.

> Egal, was sich an der Oberfläche und im Außen abspielt, tief in Ihnen – „hinter" oder „unter" Ihrem Verstand – ist alles gut.

Dieses Bewusstsein ist die beste Ausgangsbasis für Ihr Leben. Sie sind wesentlich unabhängiger von dem, was im Außen passiert und können sich viele unnötige Komplikationen und viel Stress ersparen.

In aller Deutlichkeit: Das heißt nicht, dass Sie sich immer gut fühlen werden und keine emotionalen Schwankungen mehr erleben. Durch den ständigen Flow von Gedanken und durch die biochemischen Prozesse, die sich im Körper abspielen, entstehen vorübergehende Gefühle. Sie erleben Aufs und Abs. Das ist vollkommen natürlich und menschlich. Auf dieser Ebene geht es nicht darum, einen Dauer-Glückszustand anzustreben. Mal sind wir eher glücklich, mal unglücklich. An einem Tag haben wir das Gefühl, völlig in Ordnung zu sein, ein anderes Mal fühlen wir uns nicht so wohl in unserer Haut. Manchmal sind wir innerlich gelassen, manchmal nervös und unruhig. Keine Freude und kein Schmerz dauern ewig. Denken Sie an die Wellen des Meeres. Sie steigen und sie fallen. Sind immer in Bewegung. Wellen lassen sich nicht festhalten. Wellen kommen und gehen. Nur der Ozean bleibt. Gedanken und Emotionen sind wie die Wellen von Natur aus dynamisch. Sie verändern sich ständig. Alles geht vorbei.

Wenn Sie wissen wollen, was das bedeutet, beobachten Sie kleine Kinder. Ihre Emotionen äußern sich meist in voller Intensität, sind aber nicht von langer Dauer. Sie wechseln oft innerhalb von Minuten. Ein Kind weint und brüllt beispielsweise, weil ihm ein Spielzeug weggenommen wird. Kurz darauf ist alles vergessen und es lacht von Herzen.

Aber was tun wir Erwachsenen üblicherweise, wenn wir uns schlecht fühlen oder es im Leben nicht so läuft, wie der Kopf sich einbildet, dass es laufen sollte?

- Wir denken darüber nach, wie schlecht wir uns fühlen und was nicht in Ordnung ist, war oder sein wird.
- Wir sorgen uns darüber, dass wir uns schlecht fühlen und grübeln, *warum* wir uns schlecht fühlen.
- Wir fragen uns, warum etwas passiert ist und malen uns aus, was Schreckliches passieren könnte.
- Wir zweifeln an uns selbst und an unserem Leben.
- Wir zerbrechen uns den Kopf, was wir tun und verändern können/müssen, damit es uns wieder besser geht.

Kurz, wir denken viel zu viel nach. Überlagern unser tieferliegendes, natürliches Wohlsein und verhindern, dass schlechte Gefühle sich auf so natürlich Weise wieder verziehen wie dunkle Wolken am Himmel. Und wir blockieren die innere Weisheit, die allem Leben innewohnt und die uns von Moment zu Moment in jedem Augenblick unseres Lebens leitet.

Das ist in etwa so, als hätten Sie ein paar Milliarden Euro unter Ihrem Bett liegen. Weil Sie das völlig vergessen haben, grübeln Sie, wie es finanziell weitergehen soll, sorgen sich, wie

Sie Ihre Rechnungen zahlen werden, rackern sich ab, um irgendwie an Geld zu kommen oder versuchen, positiv zu denken und Ihr Mindset zu verändern, um endlich reich zu werden. Statt einfach nur unter Ihr Bett zu schauen.

Sie tragen einen unendlichen inneren Reichtum in sich, der augenblicklich ans Licht kommt, sobald sich die Gedankenwolken verziehen.

> Sobald der Kopf ruhig und klar wird, wissen Sie zum richtigen Zeitpunkt, was für Sie zu tun ist.

Damit das klar ist: Der Verstand ist ein unglaublich wertvolles Tool. Dank hochentwickeltem Großhirn haben wir die Möglichkeit, komplex zu denken. Wir sind in der Lage, Zeit bewusst zu erleben, uns an die Vergangenheit zu erinnern und an die Zukunft zu denken – zu überlegen, zu analysieren, zu beurteilen, Dinge einzuschätzen, zu planen, zu bewerten, zu erwarten. Diese komplexe Denkfähigkeit hat uns nicht nur geholfen, als Spezies Mensch zu überleben, sondern auch zu enormer Entwicklung, zu Fortschritt und all den Errungenschaften der modernen Zivilisation geführt. Die hochentwickelte Hardware in unserem Kopf ermöglicht die sprachliche Kommunikation, wie wir sie kennen, und den Austausch von Gedanken, Sichtweisen, Ideen und Meinungen. Und ohne sie könnten wir keine *bewusste* individuelle Lebenserfahrung machen.

Die Kehrseite der Medaille: Diese komplexe Denkfähigkeit und Selbstbewusstheit verursacht auch alle Probleme, die wir *denken* zu haben und führt dazu, dass wir uns das Leben schwer, stressig und kompliziert machen. Unsere Werkseinstellung nicht mehr wahrnehmen.

In der westlichen Welt lernen wir, dem Verstand und unseren kognitiven Fähigkeiten eine zu große Bedeutung zu geben. Wir lassen ihn „Herr im Haus“ sein, glauben fast alles, was er erzählt, treffen Entscheidungen mit ihm und leben unser Leben im Kopf. So verpassen wir den gegenwärtigen Augenblick. Denn bei all seiner Genialität kann der Verstand nur in einer linearen Art und Weise denken. Er ist niemals im Jetzt. Problematischer noch, wir identifizieren uns mit unseren Gedanken und übersehen, wer wir *wirklich* sind und wie genial das Leben ist. Die Identifikation mit unserem „Ich“ und die starke – oft sogar hochgelobte – Selbstbewusstheit verursacht oft massives Leiden in Form von Ängsten, Stress, Ärger, Depressionen, Aggressionen und Ähnlichem. In Folge suchen wir nach Mitteln und Wegen, um uns wenigstens für ein paar Augenblicke von dem permanenten Gequatsche in unseren Köpfen zu befreien. Im Jetzt zu sein. Sobald unser innerer Woody Allen endlich mal die Klappe hält, erleben wir ein echtes Gefühl des Friedens, das in Wahrheit immer da ist. Eine bessere Version von uns selbst kommt ans Licht und wir können uns auf ganz natürliche Art und Weise entfalten. Im Flow eben.

Die Krux an der Sache: Ihr Kopf KANN nicht zur Ruhe kommen, solange Sie glauben, das Leben oder sich selbst kontrollieren zu müssen, damit die Dinge rund laufen und es Ihnen gut geht. In diesem Irrglauben hat der Verstand unendlich viel zu tun und ist restlos überfordert, weil er beides nicht kann.

Machen wir einen gedanklichen Ausflug in einen Vergnügungspark: Dort steht ein Karussell mit verschiedenen Fahrzeugen und Tieren, auf denen die Fahrgäste Platz nehmen können, und dann dreht sich das Ganze im Kreis. Sie beobachten ein Mädchen, das unbedingt mitfahren möchte und sich ein hölzernes Pferd als Gefährt aussucht. Die Kleine nimmt die Zügel in die Hand und tut so, als wäre sie selbst dafür verantwortlich, in welche Richtung sie reitet. „Hü-Hott", ruft sie, und das Pferd bewegt sich auf und ab. „Mami, Papi, das Pferd macht, was ich will", schreit sie begeistert. Sie merkt gar nicht, dass das Pferd von unten bewegt und gesteuert wird.

Genau so lenkt Ihr „Ich" das Leben. Sobald Sie die Zügel aus der Hand geben, werden Sie feststellen, dass ohnehin das Universum alles steuert. Oder wie ein Sprichwort sagt: „Der Mensch denkt, Gott lenkt." Besser als Sie das je hinbekommen würden.

Wenn Sie die Zügel aus der Hand geben, mit denen Sie in Wirklichkeit ohnehin nicht lenken, gewinnen Sie unglaublich viel Zeit, Energie und Kraft. Wenn Sie anfangen zu begreifen, wer Sie wirklich sind und wie der ganze Rest einfach kommt und geht, fürchten Sie Ihre eigenen Erfahrungen immer weniger. Nichts, was kommt und geht, ändert etwas an Ihrem wahren Sein. In diesem Bewusstsein beginnen Sie sich im Leben immer sicherer zu fühlen – egal, was ist. Sie kommen innerlich zur Ruhe.

> Sobald Ihr Kopf ruhiger wird, haben Sie Zugang zur unendlichen Weisheit, die in allem Leben steckt.

Um das Ganze sehr vereinfacht zu veranschaulichen, stellen Sie sich vor, Sie hätten zwei verschiedene Datenbanken zur Verfügung, wo Ihre Gedanken herkommen können. Erstens gibt es da Ihre persönliche Datenbank – dazu gehören all Ihr gelerntes Wissen, Ihre Erfahrungen, Ihre Erinnerungen, Ihre Überzeugungen und Glaubenssätze. Um Zugang zu haben zu dieser Datenbank, ist Ihr Mind in einem aktiven Modus. Sie suchen Lösungen und Antworten in Ihrem Speicher. Manchmal geht das einfach, manchmal müssen Sie aber auch stundenlang nachdenken und grübeln.

Die zweite Datenbank ist die universelle Datenbank – die universelle Intelligenz, die hinter allem Leben steckt und das ganze Universen steuert. Sie zeigt sich in Form von Geistesblitzen, Inspirationen, Eingebungen und einer tiefen inneren Weisheit. Um Zugang zur universellen Datenbank zu haben, muss Ihr Mind in einem empfänglichen Modus sein. In Ihrem Kopf darf nicht zu viel los sein.

Oft ist es durchaus sinnvoll, auf Ihre persönliche Datenbank zuzugreifen – Ihr gelerntes Wissen anzuwenden und Ihre Erfahrungen und Erkenntnisse aus der Vergangenheit zu nutzen. Hier geht es um Himmels Willen nicht darum, Ihren Kopf daran zu hindern, konstruktiv und produktiv zu arbeiten. Aber der Geist arbeitet nun mal wesentlich besser, wenn wir „online" sind und nicht in unserer eigenen Gedankensuppe schwimmen.

Wenn wir nicht ständig auf die Geschichten reagieren, die sich gerade im Kopf abspielen und die in aller Regel mit dem Hier und Jetzt reichlich wenig zu tun haben.

Sie können sich auch vorstellen, wie Ihr Geist über einen Kanal mit neuen Gedanken versorgt wird. Über diese Verbindung strömen ständig Gedanken aus der tiefergehenden Weisheit des Universums. Wenn der Kanal offen ist und Ihr Denken frei fließen kann, haben Sie einen sanften Zustrom von neuen Gedanken, Einsichten, Erkenntnissen und schöpferischen Ideen. Sie finden kreative Lösungen für Ihre Probleme.

Wenn der Kanal hingegen verstopft ist und Sie in Ihrem eigenen Gedankensud schmoren, beginnen die Probleme. Sie beginnen NACHZUDENKEN, wie Sie ein Problem lösen können, grübeln vor sich hin und im Kopf rasen die Gedanken. Was wiederum alles schlimmer macht, weil Sie so keine Lösung finden und oft gar nicht mehr wissen, was stimmt. Vielleicht versuchen Sie dann, an Ihren eigenen Gedanken herumzudoktern. Oder schlimmer noch: Sie versuchen, die Außenwelt in Ordnung zu bringen und handeln angstbesetzt und abgeschnitten von Ihrer inneren Weisheit.

Dabei reicht es schon, das eigene Denken zu entschleunigen und zuzulassen, dass der Kopf wieder frei wird und Ihre Gedanken zur Ruhe kommen. In dem Augenblick haben Sie wieder Zugang zur höheren Intelligenz, die über Ihren menschlichen Intellekt unendlich weit hinausgeht. Ihr inneres Genie kommt zum Vorschein und Sie handeln inspiriert.

> Durch die Verbindung zur universellen Weisheit haben Sie Zugriff auf einen gigantischen Wissensspeicher und Ideenpool.

Von vielen großen Erfindern wie zum Beispiel Thomas Edison, Albert Einstein, den Gebrüdern Wright, Walt Disney, Marie Curie oder Louis Pasteur ist bekannt, dass Sie ihre Einsichten, ihre Schöpfungen und Lösungen durch die Verbindung oder durch den Zugang zu einer höheren Quelle gefunden haben (wie auch immer sie diese Quelle genannt haben). Als Matrix-Coach und systemische Beraterin darf ich immer wieder miterleben, wie sich das Leben meiner KlientenInnen in jeder Hinsicht verändert, sobald das ständige Geplapper im Kopf so weit zur Ruhe kommt, dass sie mit dieser schöpferischen Quelle, dem universellen Mind, ihrer inneren Weiseheit (oder welchen Namen Sie auch immer verwenden möchten) verbunden sind. Das gilt auch für Sie und Ihr Leben.

Jenseits des Verstandes ist etwas in Ihnen, das all die Antworten hat, nach denen Sie suchen. Alles ist lösbar.

Mehr noch, Sie sind mit dem ganzen Universum und allem, was stattfindet, verbunden. Das Ganze ist ein perfekt synchronisiertes Abenteuer, in dem Sie letzten Endes nichts zu verlieren haben.

Ihr Verstand kann das weder sehen noch begreifen. Er vermittelt Ihnen vielmehr die Illusion, von allem getrennt und für Ihr Leben verantwortlich zu sein. Keiner bringt uns bei, dass wir OK sind, sobald der Verstand zur Ruhe kommt. Wir wissen nicht, dass wir uns gut fühlen, sobald es im Oberstübchen still wird. Stattdessen haben wir die Idee, dass wir dieses oder jenes haben, tun oder verändern müssen, damit es uns besser geht. Was dann passiert: Wir bekommen, tun oder verändern etwas, dann hält der Verstand für kurze Zeit die Klappe und wir fühlen uns gut. Der Frieden dauert aber nicht lange, weil schon kommt die nächste Idee, was anders sein oder werden muss. Wir sind ständig damit beschäftigt, Probleme mit dem Verstand zu lösen, die überhaupt erst durch den Verstand entstehen. Aber egal, was Ihnen Ihr Verstand in Zukunft erzählt, jetzt wissen Sie, wer Sie sind, was in Ihnen steckt und dass in Wahrheit in diesem Abenteuer nichts schiefgehen kann. Genießen Sie es in vollen Zügen.

Weniger denken, mehr sein

Als Kind hatte ich eine Schneekugel. Tagelang war ich damit beschäftigt, die Kugel zu schütteln und abzuwarten, bis sich die herumschwirrenden Glitter-Partikel wieder am Boden absetzen und die hübsche Fee auf ihrem Einhorn zum Vorschein kommt.

Das gilt auch für unseren Kopf. Wenn wir die Gedanken (die Glitter-Partikel) nicht ständig aufwirbeln, wird der Kopf von allein klar. Einsichten, Erkenntnisse oder Lösungen tauchen auf wie die Fee in meiner Glaskugel. Es ist nichts zu tun, außer im Kopf Ruhe zu geben. Wenn ich das zu meinen Klienten sage, ernte ich oft einen unbefriedigten, vorwurfsvollen oder verständnislosen Blick. Nicht ständig nachzudenken (die Kugel zu schütteln) ist für die meisten von uns so fremd, dass wir damit völlig überfordert sind. Wir denken sogar darüber nach, wie wir weniger nachdenken können. Das ist wie duschen, um trocken zu werden. Während wir alle unsere individuellen Themen haben, die uns gedanklich in Aufruhr versetzen, sind mir in meiner Coaching-Praxis gehäuft auftretende Fälle von Unruhe aufgefallen. Daraus habe ich ein paar Empfehlungen abgeleitet, die Ihnen helfen sollen, weniger zu denken und mehr zu sein.

Wenn du in vollständiger Akzeptanz lebst, mit allem, was ist, dann ist das das Ende aller Dramen in deinem Leben.
Eckhart Tolle

Nicht mit der Wirklichkeit streiten

Der Kopf – mein Kopf zumindest – hat bestimmte Vorstellungen, wie das Leben sein sollte. Erwartungen, was andere Menschen tun und wie sie sich verhalten sollten. Ideen, was passieren und was eben nicht passieren sollte. Überzeugungen, was in Ordnung ist, und was nicht. In der Regel sind wir unzufrieden, frustriert, gekränkt, verletzt, wütend, traurig oder enttäuscht, wenn die Realität anders ausschaut als gewünscht, erhofft, vorgestellt oder erwartet. Wir sind innerlich im Widerstand. Im Widerstand mit Situationen, Ereignissen, dem Verhalten anderer Menschen, Aussagen, Informationen, dem Wetter, dem Verkehr, der vor uns liegenden Arbeit, dem Warten in einer Supermarktschlange oder mit uns selbst. Das läuft oft so automatisch ab, dass wir gar nicht mehr bemerken, was wir uns da selbst antun. Dieser innere Kampf gegen die Wirklichkeit kostet unendlich viel Energie und blockiert das natürliche Wohlbefinden. Kampf bedeutet Stress. Wenn Sie aufmerksam sind, können Sie den Widerstand förmlich in Ihrem Körper spüren – wahrnehmen, wie Sie sich verspannen und den Fluss der Lebensenergie blockieren.

Das Leben mit all seinen Höhen und Tiefen anzunehmen ist manchmal eine Herausforderung. Wenn Sie ein bestimmtes Ziel erreichen, eine Vision verwirklichen, Ideen umsetzen, neue Wege einschlagen oder besser werden möchten, kann der

Ist-Zustand durchaus frustrierend sein. Je weiter Ist und Soll auseinanderklaffen, desto schwieriger ist es, die momentane Situation anzunehmen und den nächstmöglichen Schritt zu machen.

Das Hier und Jetzt anzunehmen ist noch schwieriger, wenn es im Moment mies läuft. Sie unglücklich im Job sind. Das Arbeitsklima verseucht ist. Der Haussegen schief hängt. Die Gesundheit zu wünschen übrig lässt. Die Kinder außer Rand und Band sind. Sie ständig erschöpft sind. Oder sonstige Probleme Ihr Dasein verleiden.

Von der objektiven Bewusstseinsebene aus betrachtet, scheint das Leben wirklich manchmal verkehrt, ungerecht oder sogar grausam zu sein. Der Widerstand gegen das, was ist, ist oft verständlich und objektiv betrachtet durchaus gerechtfertigt, aber *niemals* sinnvoll. Etwas, dem Sie sich widersetzen, bleibt bestehen. Was Sie anschauen, wird mehr. Das ist das Gesetz der Resonanz. Durch den Fokus auf das Problem und auf das, was nicht in Ordnung zu sein scheint, ziehen Sie mehr von dem an, was Sie nicht wollen: Probleme und Dinge, die nicht in Ordnung zu sein scheinen.

Und Fakt ist: Die unangenehmen Gefühle entstehen *nicht* durch die Wirklichkeit – auch wenn es noch so sehr danach aussieht. Sie entstehen durch das, was Sie im Moment *denken*. Ausnahmslos.

Nehmen wir ein banales Beispiel: Sagen wir, jemand brummt Ihnen eine zusätzliche Aufgabe auf. Dann würde es Sie ein wenig Energie und vielleicht Überwindung kosten:

a. diese Aufgabe einfach zu erledigen oder
b. höflich zu sagen, dass Sie diese Aufgabe *nicht* übernehmen werden.

Was Sie allerdings unendlich viel Energie kostet, ist der innere Dialog in Ihrem Kopf, der lauten könnte: „Was fällt dem ein? Wie kann man nur so unverschämt sein und die Arbeit auf mich abwälzen? Immer bin ich der Depp, der alles übernimmt! Das ist eine Frechheit! Aber Nein sagen kann ich auch nicht. Ich sollte mich nicht so aufregen.“

Was Sie als so unangenehm erleben und Ihnen Ihren natürlichen inneren Frieden raubt, ist *nicht* die Aufgabe und *nicht* dieser Jemand. Es sind Ihre Gedanken im jetzigen Moment. Das ist natürlich nur ein Beispiel. Aber egal, was ist, Sie wissen bereits: Sie fühlen Ihr Denken. Gefühle sind wie Schatten Ihrer Gedanken.

> Wann immer Sie denken, dass irgendetwas anders sein müsste oder anders sein sollte, als es ist, streiten Ihre Gedanken mit der Wirklichkeit.

Ein Streit, der nicht nur Stress verursacht, für schlechte Gefühle sorgt und viel Energie kostet, sondern auch einer, den Sie niemals gewinnen können. Das Leben ist nie so, wie der Kopf denkt, dass es sein sollte, sondern immer so, wie es ist. Es offenbart sich nur in diesem Moment und eben genau so, wie es *jetzt* ist. Das Leben ist immer nur jetzt. Und oft führen wir im Kopf ein zweites Leben, das mit dem Jetzt überhaupt nichts zu tun hat.

Haben Sie schon einmal einen Surfer beobachtet? Wie jemand auf den Wellen des Meeres reitet? Stellen Sie sich vor, der Surfer hätte seine eigene Vorstellung, wie das Wasser zu fließen hat oder wo die Wellen brechen sollten. Stellen Sie sich vor, er würde sich ständig darüber beschweren, dass die Wellen so kommen, wie sie nun einmal kommen. Das würde ihm reichlich wenig helfen und so würde das Surfen auch keinen Spaß machen. Das Meer lässt sich nicht kontrollieren oder verändern. Was macht der Surfer wirklich? Er beobachtet einfach den Wellengang und passt sich intuitiv den äußeren Gegebenheiten an. Er nutzt die Wellen so, wie sie eben kommen.

Damit das ganz klar ist: Keinen Widerstand zu leisten bedeutet nicht, alles hinzunehmen und über sich ergehen zu lassen, keine Grenzen zu setzen, nicht mehr Nein zu sagen, nichts mehr verändern zu wollen oder Dinge zu tun, die Sie nicht tun möchten. Es geht einzig und allein darum, aufzuhören, gedanklich damit zu *kämpfen und damit zu hadern*, dass etwas ist, wie es nun einmal ist. Es bedeutet, das zu sagen und zu tun, was eben hier und jetzt für Sie zu sagen und zu tun ist. Ihren inneren Impulsen zu folgen und so zu agieren, wie es sich für Sie gut, richtig und stimmig anfühlt. Das geht am besten ohne ratternden Kopf, ohne inneren Widerstand und ohne künstliche Energieverschwendung. Probieren Sie es aus.

Eine simple Wahrnehmungsübung für Ihren Alltag

Beobachten Sie, wann Sie im Widerstand sind mit dem, was ist. Das ist immer dann der Fall,

- wenn Sie *denken*, dass irgendetwas anders sein sollte, als es jetzt gerade ist – oder etwas nicht sein oder passieren hätte sollen, was passiert ist.
- wenn Sie enttäuscht, verärgert, frustriert oder traurig sind, weil jemand nicht so ist, wie Sie *denken*, dass dieser Mensch sein sollte.
- wenn Sie *denken*, dass Sie selbst anders denken, fühlen oder handeln sollten, als Sie es eben gerade tun.

Sie werden womöglich erstaunt sein, wie häufig Ihr Denken auf mehr oder weniger subtile Weise Widerstand gegen die Wirklichkeit leistet. Fangen Sie bloß nicht an, sich dafür zu verurteilen. Beobachten Sie nur, in welchen Situationen das geschieht, z. B.: wenn Sie unter Zeitdruck stehen, Fehler passieren, Sie lange warten müssen, im Stau stecken, jemand unfreundlich zu Ihnen ist, Sie kritisiert werden, Sie krank sind, Ihr Kind schreit. Machen Sie sich bewusst, dass Ihr Kopf gerade eine bestimmte Vorstellung oder Erwartung hat, wie die Dinge und Sie selbst *sein sollten* oder *nicht sein sollten*.

Es ist die Aufgabe des Verstandes, alles zu kategorisieren, zu bewerten, zu beurteilen, zu zerlegen und zu vergleichen. Solange Sie seine Sichtweise ernst nehmen oder sich gar damit identifizieren, verbringen Sie einen Großteil Ihrer Zeit im Widerstand. Das ist menschlich und lässt sich auf dieser Ebene nicht lösen. Sie können sich aber von der Identifikation mit Ihren Gedanken lösen. Sie müssen nicht alle Gedanken, Vorstellungen und Urteile ernst nehmen und für wahr halten, die den lieben langen Tag durch Ihren Kopf ziehen. Schon allein zu beobachten, wie der Kopf tickt, die Muster und den ständigen Widerstand zu erkennen, führt zu einer Loslösung.

Das heißt nicht, dass Sie alles gut finden oder gar lieben müssen. Das bedeutet auch nicht, dass Sie keine Präferenz oder Wünsche haben dürfen. Und auch nicht, dass Sie sich nicht mehr für eine Veränderung einsetzen dürfen. Es bedeutet wahrzunehmen, was da ist, ohne dagegen anzukämpfen und damit zu hadern. Andere Menschen dürfen so sein, wie sie gerade sind. Sie selbst dürfen so sein, wie Sie gerade sind. Das Leben darf so sein, wie es gerade ist. So befreien Sie sich aus Ihrem mentalen Gefängnis und ersparen sich viel Stress, Frust, Ärger, Enttäuschung und Probleme.

Die Schöpferrolle einnehmen

Wenn Sie einen Schritt weiter gehen möchten, begeben Sie sich auf die schöpferische Bewusstseinsebene und schlüpfen in die Schöpferrolle. Statt einfach nur anzunehmen, was ist, sagen Sie sich: Ich habe diese Erfahrung erschaffen!

Akzeptieren Sie den momentanen Augenblick als etwas, das Sie kreiert haben. Experimentieren Sie mit der Idee. Wiederholen Sie den Gedanken „Ich habe das erschaffen" einfach ein paar Mal und beobachten Sie, was sich innerlich verändert. Arbeiten Sie *mit* Ihrer Kreation statt dagegen. Ja, manchmal ist es schwierig zu erkennen und noch schwieriger zu akzeptieren, dass Sie Ihre Finger im Spiel haben. Denken Sie daran, dass es nicht Ihr kleines „Ich" ist, sondern Ihr wahres Selbst, das alles erschafft und in dem alles auftaucht. Sie sind das Universum, das gerade eine menschliche Erfahrung macht.

Falls Sie jetzt nicht annehmen können, eine Erfahrung erschaffen zu haben, akzeptieren Sie einfach, dass Sie das jetzt nicht annehmen können.

An dieser Stelle kommen wir noch einmal zur höchsten Wahrheit: Auch im Widerstand ist es das EINE, das zum Ausdruck kommt. Widerstand gehört zum Spiel der Quelle. Auch im Widerstand können Sie sich entspannen. Es ist allumfassendes Bewusstsein, das sich durch Bewertung begrenzt.

Was immer wir heute als ein Problem ansehen,
bedeutet nicht, dass es auch morgen noch ein Problem sein wird.
Ayya Khema

Wer weiß, wozu es dient

Im reinen Bewusstsein ist alles gleich-gültig. Was passiert, passiert. Was ist, ist. Alles ist das Eine, in welcher Form es sich auch immer ausdrückt. Wenn irgendwo der Schuh drückt oder in unseren Augen etwas „falsch" läuft, liegt das nicht am Leben, sondern am Denken.

Jetzt sind wir Menschen nun einmal mit einem Denkorgan ausgestattet, das ständig darüber urteilt, ob etwas „gut" oder „schlecht", „richtig" oder „falsch" ist. Das ist im Alltag durchaus nützlich. Rät uns der Verstand, nicht auf die heiße Herdplatte zu greifen, bei der roten Ampel zu stoppen, bei Glatteis vorsichtig zu gehen und im Supermarkt das reife statt des unreifen Obsts zu kaufen, macht sein Urteil Sinn. Sehr oft urteilt der Kopf aber über Situationen, die er gar nicht beurteilen kann. Er ist nicht in der Lage, alle Zusammenhänge und das große Ganze zu erkennen. Sein Urteil ist kurzsichtig und beruht in erster Linie auf vergangenen Erfahrungen und übernommenen Vorstellungen, die er gerne für fixe Tatsachen hält. Wie mit Scheuklappen sieht er nur einen kleinen Ausschnitt – und selbst den interpretiert er oft falsch. Trotzdem neigen wir dazu, seinem Urteil blind zu vertrauen.

Wenn wir krank werden, uns der Partner betrügt oder verlässt, wir einen Job verlieren oder sonst etwas Unangenehmes passiert, dann finden wir das in aller Regel gar nicht „gut" und leiden darunter. Wir sind unzufrieden mit dem Lauf des Lebens, jammern und beklagen uns und denken, es sollte nicht so sein, wie es ist.

Bekanntlich ist aber nicht alles so, wie es im ersten Moment scheint und oft entwickeln sich die Dinge anders als gedacht. Aus eigener Erfahrung weiß ich mittlerweile, dass …

- mein Kopf noch lange nicht Recht hat, nur weil er etwas jetzt gerade nicht „gut“ und „richtig“ findet bzw. es gerne anders hätte.
- mein Kopf gerne über Situationen und Dinge urteilt, die er gar nicht beurteilen *kann*, weil er nicht in der Lage ist, alle Zusammenhänge und das große Ganze zu erkennen – geschweige denn in die Zukunft zu schauen.
- sich das, was mir durch den Kopf geht, ohnehin verändert – ich manchmal binnen Minuten Dinge anders empfinde oder etwas kein Thema mehr ist.
- ich Vertrauen ins Leben haben darf und alles schon so seinen Sinn hat, wie es ist – auch wenn ich das nicht sofort erkennen kann.

> Eine meiner Lebensregeln lautet: Bewerte nie eine Situation nur an einem einzigen Tag!

Morgen kann schon wieder alles ganz anders aussehen. Und manchmal braucht es Jahre, um rückblickend erkennen zu können, wie gut sich die Dinge entwickelt haben. Was heute ein Problem zu sein scheint, muss morgen keines mehr sein.

Höchstwahrscheinlich haben Sie selbst schon erlebt, dass eine unangenehme Erfahrung im Nachhinein betrachtet gut und wichtig war, ein Anstoß für eine positive Veränderung und ein Motor für die eigene Entwicklung. Vielleicht hat sich als

Folge von Ereignissen, die Ihnen zunächst negativ erschienen sind, eine neue Türe in Ihrem Leben geöffnet. Altes musste gehen, um Platz für Neues zu schaffen. Vielleicht haben Sie auch rückblickend schon einmal gedacht: „Wenn ich damals schon gewusst hätte, wie sich die Sache entwickelt, dann hätte ich mir viel Stress, Ängste und Sorgen erspart und wäre viel entspannter geblieben …"

Eine Vertrauensübung für Ihren Alltag

Nur für den heutigen Tag legen Sie Ihre Pläne, Ihren Willen, Ihre Vorstellungen, Ihre Erwartungen und Ihre Ängste vertrauensvoll in die Hände des Lebens und in die Hände Ihrer inneren Führung, die weiß, was für Sie am besten ist.

- Vertrauen Sie darauf, dass Sie zur richtigen Zeit am richtigen Ort sind – ob Sie das erkennen oder nicht.
- Vertrauen Sie darauf, dass zu jeder Zeit das Richtige geschieht und sich die Dinge auf vollkommene Weise entfalten.
- Vertrauen Sie darauf, dass alles für Sie geschieht.

Und beobachten Sie, wie sich die Dinge entwickeln.

Die Energie folgt der Aufmerksamkeit.
HUNA-PRINZIP

Wo ist Ihre Aufmerksamkeit?

Annehmen und Vertrauen fällt besonders schwer, wenn wir ein Problem haben bzw. *denken*, ein Problem zu haben. Schon ist unsere ganze Aufmerksamkeit bei dem Problem. Das ist wiederum sehr menschlich. Unser Gehirn ist darauf programmiert, Negatives zu identifizieren, um unser Überleben zu sichern. Selbst wenn keine echte Gefahr droht, tendiert der Geist dazu, Dinge wahrzunehmen, die nicht in Ordnung sind, und in den Fokus unserer Aufmerksamkeit zu rücken.

Der Haken an der Sache: Energie folgt der Aufmerksamkeit. Worauf Sie Ihren Fokus richten, wird mehr und verstärkt sich.

> Je mehr Aufmerksamkeit Sie einer problematischen Sache oder Situation widmen, desto realer, bedeutungsvoller und spürbarer wird sie.

Üblicherweise schaut der Problem-Kreislauf so aus:

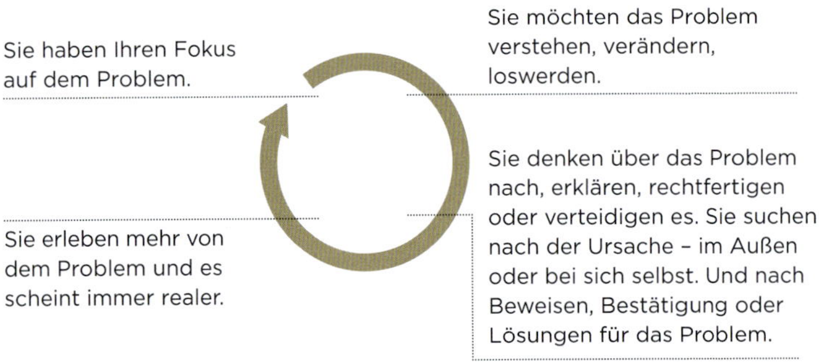

Haben Sie beispielsweise Ihren Fokus auf Ihren Geldproblemen, wundern Sie sich nicht, dass das Geld spärlich hereinfließt oder ständig neue Rechnungen auftauchen. Konzentrieren Sie sich darauf, dass Sie nie genug Zeit und viel zu viel zu tun haben, werden Sie nie genug Zeit und immer viel zu viel zu tun haben. Sind Sie ständig auf der Suche nach hinderlichen Glaubenssätzen, werden Sie immer mehr hinderliche Glaubenssätze entdecken. Eine meiner Standardaussagen war: „Ich bringe nicht genug weiter. Ich bin einfach nicht produktiv genug." Raten Sie, was ich ständig erlebt habe. Kein noch so guter Produktivitätstipp hat bei mir länger als ein paar Tage funktioniert. Keine noch so tolle Strategie gegen meinen „inneren Schweinehund" zeigte dauerhaft Wirkung.

Beobachten Sie selbst, wo Ihre Aufmerksamkeit ist, was Sie denken und womit Sie sich beschäftigen. Nehmen Sie wahr, was Sie sagen und tun. Dann wird Ihnen um einiges klarer werden, warum Sie erleben, was Sie erleben.

Auf der objektiven Bewusstseinsebene scheinen Probleme von außen zu kommen und REAL zu sein. Dadurch unterliegen wir so leicht dem Irrglauben, dass wir ein Problem lösen können, indem wir uns ausführlich damit auseinandersetzen, darüber nachdenken, reden, nach Erklärungen suchen oder uns im Außen nach Methoden und Tipps umschauen. Worauf ich hier nicht hinauswill, ist, dass Sie Ihre Probleme ab sofort ignorieren und einfach so tun sollten, als wären sie nicht da.

Sobald Sie allerdings das Gesetz der Anziehung kennen und verstehen, wie Ihre Aufmerksamkeit und Ausstrahlung Ihre Realität erschafft, scheint es wesentlich sinnvoller, Ihren Fokus von dem wegzulenken, was Sie *nicht* wollen – hin zu dem, was Sie möchten.

Vier Fokus-Fragen für Ihren Alltag

Das beste Werkzeug, um mit Ihrer Aufmerksamkeit bewusster umzugehen, sind vier einfache Fragen, die Sie sich immer wieder stellen können.

1. **Wo ist meine Aufmerksamkeit?**
   Stellen Sie fest, worauf Ihre Aufmerksamkeit gerichtet ist und was Sie gerade beschäftigt. Ohne Urteil!
2. **Wie wirkt sich dieser Aufmerksamkeitsfokus aus?**
   Fühlt sich dieser Fokus gut an oder nicht? Welche Gefühle sind damit verbunden? Nehmen Sie die Wirkung einfach nur bewusst wahr.
3. **Ist das der Aufmerksamkeitsfokus, den ich wirklich haben möchte?**
   Energie folgt der Aufmerksamkeit. Die Frage ist: Wollen Sie mehr von dem, was Sie gerade fokussieren, oder nicht? Machen Sie sich bloß keine Selbstvorwürfe, wenn Sie sich beim „falschen" Fokus ertappen. Es ist typisch und evolutionsgeschichtlich betrachtet sinnvoll für den menschlichen Verstand, sich auf Probleme zu fokussieren. Und üblicherweise glauben wir auch, dass wir Probleme nur lösen können, indem wir uns damit beschäftigen und darüber nachdenken.
4. **Worauf möchte ich meine Aufmerksamkeit richten?**
   Von den unzähligen Möglichkeiten, die Sie zur Auswahl haben: Worauf wollen Sie sich wirklich fokussieren? Womit möchten Sie sich – gedanklich oder tatsächlich – beschäftigen? Wofür möchten Sie Ihre Energie verwenden?

Jeder Fokus ist mit bestimmten Gefühlen verbunden. Sie werden unschwer erkennen, dass es sich eher schlecht anfühlt,

- im Widerstand mit dem zu sein, *was jetzt ist.*
- sich gedanklich mit unerfreulichen Dingen aus der Vergangenheit zu beschäftigen, die sich nicht mehr ändern lassen. Also im Widerstand mit dem zu sein, *was war.*
- sich den Kopf über die Zukunft zu zerbrechen und sich zu sorgen, ob etwas Schlechtes passieren könnte.
- innere Dialoge mit nicht anwesenden Personen zu führen, die *nicht* angenehm sind.
- den Fokus auf einem Problem zu haben.
- sich um Angelegenheiten zu kümmern, die Sie nichts angehen.

Sinnvoller und erfreulicher fühlt es sich an, …

- die Aufmerksamkeit auf den Augenblick zu lenken – auf Ihren Atem, auf Ihre Sinne, auf das, was jetzt ist.
- zu beobachten, was sich gerade im Kopf abspielt – Gedanken wahrzunehmen wie Wolken am Himmel.
- Ihre Reaktion auf das momentane Kopfkino zu beobachten (wie in einem Film, den Sie sehen, in die Zuschauerrolle zu schlüpfen, statt völlig im Film zu versinken).
- sich zu fragen, was Sie aus der Situation lernen und wie Sie das Beste daraus machen können.
- den Fokus auf der Lösung zu haben. Und zwar nicht darauf, *wie* Sie zur Lösung kommen. Es reicht, die Lösung vor Augen zu haben und zu wissen, wo Sie hinwollen. Wie bei einem Navigationsgerät.
- etwas zu tun, was Ihnen guttut und Ihrer Freude zu folgen.
- an etwas völlig Anderes zu denken.
- etwas ganz Anderes zu tun.
- sich an etwas Schönes zu erinnern.
- sich etwas Erfreuliches auszumalen.

In Wahrheit haben Sie unzählige Optionen zur Wahl. Dieses Werkzeug schreibt Ihnen nicht vor, worauf Sie Ihre Aufmerksamkeit richten sollen. Sie werden sehen, welche Möglichkeiten in Ihrem Bewusstsein auftauchen und Sie anlachen. Gerade wenn wir mitten in einem Problem stecken, ist es oft leichter, den Fokus auf ganz andere Dinge zu lenken und sich mit Erfreulichem oder zumindest Neutralem zu beschäftigen. Und nur, wenn wir das Gesetz der Resonanz kennen, wird klar, warum das *nicht* bedeutet, ein Problem zu ignorieren, sondern eine Lösung des Problems zu erlauben. Verändern Sie Ihren Fokus, verändern sich augenblicklich Ihre Gedanken und damit das, was Sie fühlen und was Sie ausstrahlen. Sie werden anders agieren und infolgedessen eine andere Realität erleben.

Schauen wir uns das Ganze noch aus höchster Ebene an: Es gibt *kein* Problem jenseits des Denkens. Jedes Problem hat damit zu tun, dass wir *denken*, etwas sei nicht in Ordnung.

Eines Tages traf mich die Einsicht, dass ich nur *denke*, nicht produktiv genug zu sein. Dass ich nur *denke*, mehr schaffen zu müssen. Und dass ich nur *denke*, dass es ein Problem ist, wenn ich nicht schaffe, was ich mir einbilde schaffen zu müssen. Paradoxerweise bin ich seit dieser Erkenntnis wesentlich produktiver – allerdings oft auf andere Art und Weise als sich das mein Verstand vorstellt.

Die Frage ist:

- Was, wenn Sie versuchen ein Problem zu lösen, das gar keines ist?
- Was, wenn Sie nur *denken*, ein Problem zu haben?
- Was, wenn die wahre Lösung woanders liegt?

Der Fokus auf dem, was bleibt

Vollkommene Stressfreiheit, innere Sicherheit und Frieden finden Sie niemals in dem, was kommt und geht. Nicht durch Besitztümer, Geld, Menschen oder Situationen. Nicht durch irgendwelche Technik, Tipps und Tricks. Nicht in irgendwelchen Gedanken oder Zuständen. Ihr Fokus verändert sich ständig und Ihre Aufmerksamkeit springt unweigerlich. Das ist Teil des menschlichen Spiels. Aber da ist etwas, das bleibt. Da ist etwas, das kein Problem hat, nie hatte und nie haben wird.

Wir haben in diesem Buch schon oft von dem unveränderlichen, ewigen Teil in Ihnen gesprochen, der Sie wirklich ausmacht. Für den alles in Butter ist – egal, was ist. Genau genommen ist es kein Teil von Ihnen, sondern Sie sind vielmehr ein Ausdruck davon. Während Sie also in Ihrem physischen Körper inkarniert sind, sind Sie sicher eingebettet, umhüllt und durchdrungen von der universellen Quelle. Während Sie all Ihre Erfahrungen in dieser Welt machen, ruht die Quelle in Ihnen. Bei all den Turbulenzen im Kopf und im Außen vergessen wir das nur leicht.

Ihren inneren Beobachter wahrnehmen

Halten Sie in Ihrem Alltag immer wieder für einen kurzen Moment inne und lenken Sie Ihren Fokus auf den nicht tuenden, nicht denkenden, nicht urteilenden, sich nicht verändernden Teil in Ihnen: Ihren inneren Beobachter. Den Teil in Ihnen, der immer stressbefreit und im Flow ist.

Das können Sie zum Beispiel tun, während Sie essen, reden, fernsehen, lesen oder an der Supermarktkasse stehen. Entdecken Sie dabei den Beobachter in Ihrem Innersten, der sich nur dessen gewahr ist, was ist. Ihren inneren Zeugen. Entdecken

Sie das, was ewig und unveränderlich ist. Wenn Sie diesen Teil gerade nicht wahrnehmen können, reicht es, sich bewusst zu machen, dass er da ist. Der Beobachter ist das, was IMMER ist, nie vergeht und nie Stress hat. Egal, ob Sie ihn erkennen oder nicht. Er ist wie die Augen, durch die Sie schauen.

Was auch immer du für Situationen und Beziehungen in dein Leben angezogen hast, es sind genau die, die du in diesem Moment brauchst. Es gibt eine unsichtbare Bedeutung hinter allen Ereignissen, die deiner Entwicklung dient.

Deepak Chopra

Mitmenschen neu begegnen

Als „Stress-Coach" bekomme ich logischerweise oft zu hören, was Menschen stresst. Auf der Hitliste weit oben stehen andere Menschen – genauer gesagt ist es oft ein bestimmter Mensch. Zum Beispiel: mein Partner. Mein Kind. Mein Chef. Mein Kollege. Mein Kunde. Meine Eltern.

Selbst in guten Beziehungen gibt es Aufs und Abs und hin und wieder Probleme. Das ist normal und in aller Regel lösbar. So eine Beziehung wirft Sie vielleicht kurz aus der Bahn, ist aber kein dauerhafter Stressfaktor und Flow-Killer.

Und dann gibt es – zumindest bei vielen Menschen – die eine oder andere Beziehung, in der es eben nicht so unproblematisch läuft. Eine Beziehung, die Kopfzerbrechen bereitet. Sei es, dass von Anfang an eine Antipathie da ist. Oder sei es, dass die Probleme im Laufe der Zeit aufgrund von Situationen und Verhaltensweisen entstanden sind. Bekanntlich können selbst die besten und harmonischsten Beziehungen kippen und problematisch werden. Typischerweise tauchen drei Varianten auf, solche Problem zu sehen und damit umzugehen:

Problematisch ist der andere

Aus einer sehr menschlichen (objektiven) Perspektive betrachtet ist die Sachlage in einer schwierigen Beziehung ganz einfach: Der andere verhält sich falsch. Wenn der Mensch anders wäre, wäre das Problem gelöst. Fertig. Nur leider verändern sich andere Menschen ausgesprochen selten, nur weil wir das wollen. Mit ein wenig Selbstreflexion – im subjektiven Bewusstsein – müssen wir uns aber eingestehen, dass zu jeder Art von Beziehung immer zwei gehören. Wir selbst zumindest einen gewissen Beitrag leisten, wenn es stressig und problematisch läuft.

Die Schuldverteilung

Mit dieser Erkenntnis beginnen dann viele, die Schuld hin und her zu wälzen. Mal den anderen mit ausgesprochenen oder unausgesprochenen Vorwürfen zu überhäufen. Mal sich selbst die Schuld aufzuladen und sich mit Selbstvorwürfen zu geißeln. In keinem Fall wird die Beziehung dadurch besser.

Die Außenwelt austauschen

Wenn es nicht besser wird, dann verändern viele Menschen die Außenwelt (soweit das geht). Sie suchen sich zum Beispiel ein neues Team oder einen neuen Job und damit einen neuen Chef und neue Kollegen. Oder suchen sich einen anderen Partner oder Mitarbeiter. Brechen den Kontakt zu problematischen Freunden oder Eltern ab. In der Hoffnung, dass dann alles besser wird.

Doch viele stellen schon nach kurzer Zeit fest, dass sich nicht wirklich etwas verändert hat und ähnliche Probleme und Muster in ihrem Leben immer wieder auftauchen.

Im Zuge des Gesetzes der Resonanz haben wir schon besprochen: Gleiches zieht Gleiches an. Menschen sind in unserem Umfeld, weil sie mit unserer Schwingung übereinstimmen. Ja, auch die, die uns aufregen, nerven, kränken, stressen oder sonst wie problematisch sind. Ihr Verhalten ist in irgendeiner Form mit uns selbst in Resonanz. Selbst, wenn das nicht so offensichtlich ist. Sie sind unsere Lehrmeister. Wir kreieren unsere Außenwelt von innen heraus. Wenn wir in unserem Inneren nichts verändern, sondern nur die Außenwelt austauschen, verändert sich auf Dauer gar nichts. Der neue Chef ist genauso ein Horror – und wenn es nicht der Chef ist, dann ist es eben der Kunde oder der Kollege. Der nächste Partner hat die gleichen Macken oder noch schlimmere. Im neuen Team gibt es ähnliche Probleme.

Eines möchte ich an dieser Stelle klarstellen: Wenn Ihnen eine Beziehung ernsthaft schadet, eine Form von Missbrauch oder Gewalt im Spiel ist, tun Sie gut daran, diese Beziehung zu beenden bzw. diesem Menschen aus dem Weg zu gehen. Ihre innere Weisheit wird Sie wissen lassen, was Sie tun müssen, und manchmal ist der erste Schritt, sich Hilfe zu holen. Tun Sie, was immer zu tun ist.

Ansonsten gilt: Beziehungen spielen sich größtenteils im Kopf ab. Die echte Lösung beginnt daher im Kopf. Nicht dadurch, dass Sie Ihre Gedanken verändern, sondern dadurch, dass Sie durchschauen, was läuft. Ein paar Anregungen:

Stellen Sie das fixe Bild vom anderen in Frage

Sie haben ein Bild vom anderen – eine Vorstellung, wie dieser Mensch ist oder eben nicht. Das Bild hat meistens wenig mit der realen Person zu tun. Sie sehen diese Person vielmehr durch Ihre eigene „Wahrnehmungsbrille". Sie blenden Eigenschaften aus, verzerren die Wirklichkeit oder generalisieren Verhaltensweisen. Das ist normal. Tut jeder bei jedem. Das ist übrigens auch so, wenn Sie in jemanden verliebt sind. Allerdings ist das Bild in dem Fall rosiger als das von einem Menschen, mit dem Sie gerade Ihre Probleme haben.

In einer problematischen Beziehung ist das Bild im Kopf meistens ziemlich starr, unveränderlich und nicht sehr positiv. Der Mensch steckt in einer negativen Schublade, aus der er nicht so leicht wieder herauskommt. Es ist faszinierend: Wenn wir ein bestimmtes Bild von einer Person haben, verhält sich diese Person doch tatsächlich fast immer dementsprechend. Damit fühlen wir uns wiederum bestätigt. Erst mit zunehmendem Bewusstsein erkennen wir, dass unser Kopf das Problem verschlimmert bzw. selbst kreiert.

> Sie erleben andere Menschen so, wie Sie DENKEN, dass sie sind.

Mit anderen Worten: Sie erleben nicht den Menschen, sondern Ihr Denken über diesen Menschen.

Wenn Sie eine problematische Beziehung verändern möchten, beginnen Sie als Erstes damit, Ihr inneres Bild zu überprüfen und in Frage zu stellen.

- Solange Sie denken, der Mensch ist schwierig, werden Sie ihn als schwierig erleben.
- Solange Sie denken, der Mensch schätzt Sie (oder Ihre Arbeit) nicht, werden Sie keine Wertschätzung von ihm erleben.
- Solange Sie denken, der Mensch ist ein Dummkopf, werden Sie ihn als Dummkopf erleben.
- Und so weiter.

Befreien Sie den Menschen aus der engen Schublade: Öffnen Sie sich für die Vorstellung, dass dieser Mensch auch anders sein oder sich anders verhalten könnte, wenn Sie Ihr fixes, inneres Bild loslassen. Seien Sie bereit, sich überraschen zu lassen. Seien Sie bereit, ein Wunder in dieser Beziehung zuzulassen.

Achtung: Die Versuchung ist groß, das ein- oder zweimal zu probieren, die gleichen Probleme zu erleben und gleich wieder den Hut darauf zu werfen. Dann heißt es: „Wusste ich es doch! Der ist einfach so.“ Tun Sie das nicht. Bleiben Sie offen. Vertrauen Sie darauf, dass sich die Beziehung irgendwie auf positive Weise verändert. Sie müssen nicht einmal wissen, wie das passiert. Es wird passieren.

Fokussieren Sie sich auf etwas, das Sie am anderen schätzen

In problematischen Beziehungen haben wir den Fokus meistens auf den Problemen. Auf den Eigenschaften, die wir am anderen nicht mögen. Auf dem Verhalten, das uns stört. Auf dem, was nicht funktioniert oder fehlt. All das bekommt viel Aufmerksamkeit. Das, worauf Sie Ihre Aufmerksamkeit lenken, wird mehr. Wundern Sie sich nicht, wenn es immer schlimmer wird.

Um eine schwierige Beziehung zu verbessern, lohnt es sich, irgendetwas zu finden, das Sie an der anderen Person wirklich wertschätzen können – selbst, wenn es nur eine Kleinigkeit ist. Etwas, das Sie gut finden. Wofür Sie den anderen vielleicht bewundern oder zumindest respektieren können. Was Ihnen am anderen gefällt.

Richten Sie Ihren Fokus immer wieder bewusst auf etwas Gutes statt auf die Fehler. Und lassen Sie sich überraschen, wie sich dadurch die Beziehung entwickelt.

Beobachten Sie Ihr Kopfkino

Viele Beziehungsprobleme spielen sich gar nicht real, sondern NUR im eigenen Kopf ab. Oder haben Sie noch nie in Ihrem Kopf mit jemandem ein Streitgespräch geführt, der in Wahrheit gar nicht da war? Oder sich innerlich über etwas geärgert, was jemand anderer (noch) gar nicht getan hat? Oder waren wütend, weil Sie sich vorgestellt haben, was passieren könnte? In einer problematischen Beziehung neigen wir außerdem dazu, selbst eine harmlose Bemerkung überzuinterpretieren, ein SMS oder ein Mail misszuverstehen oder Dinge persönlich zu nehmen, die mit uns gar nichts zu tun haben. So zerbrechen wir uns viel zu oft sinnlos den Kopf über diesen Menschen und diese Beziehung.

Wenn Sie beginnen, Ihr Kopfkino wahrzunehmen, können Sie beobachten, wie der innere Film mit Ihrer eigenen Stimmung und Ihrem Bewusstseinslevel zusammenhängt – und nicht mit dem anderen Menschen. Je schlechter die Stimmung, desto größer das Drama. Je besser, desto weniger Probleme gibt es, und Sie wissen, wie Sie mit dem anderen Menschen und mit Herausforderungen umgehen müssen.

> In einem emotionalen Tief lohnt es sich abzuwarten, bis es Ihnen wieder besser geht und Sie klar sehen.

Ihre Stimmung verändert sich von allein. Mit zunehmendem Bewusstsein zieht Sie ein schlechter Film nicht mehr so in seinen Bann bzw. läuft immer kürzer.

Möglicherweise werden Sie allerdings feststellen, dass Sie diese negativen Filme ganz gerne haben. Ein Teil von Ihnen genießt es fast, Dramen im Kopf zu stricken und sich hineinzusteigern. Ein Teil von Ihnen gibt die Beziehungsprobleme nur ungern auf. In diesem Fall seien Sie nicht schockiert, das ist menschlich. Ja, manchmal lieben wir unsere Dramen. Aber wenn Sie sich das einmal eingestehen, sind sie nur noch halb so schlimm. Plötzlich haben Sie die Wahl, ob Sie einsteigen wollen oder nicht. Und Sie müssen nicht mehr bei jedem B-Movie dabei sein.

Experimentieren Sie mit dieser Wahrnehmungsverlagerung und warten Sie ab, wie sich Ihre Außenwelt und Ihre Beziehungen dadurch verändern.

Du brauchst nicht immer einen Plan.
Manchmal brauchst du nur zu atmen, zu vertrauen,
loszulassen und zu schauen, was passiert.
MANDY HALE

Nichtwissen ist ein guter Anfang

Kommen wir zu drei kurzen Worten, die enorm viel Unruhe im Kopf verursachen können: „Ich weiß nicht“. Ein Satzanfang, der in meiner Coaching-Praxis häufig auftaucht. Gefolgt von Worten wie:

- in welche Richtung es gehen soll.
- welche Schritte ich als Nächstes setzen muss.
- wie ich (wir) ein Ziel erreiche(n).
- wie ich (wir) dieses Problem lösen kann (können).
- wie ich mich entscheiden soll.

In einem Zustand des Nichtwissens fühlen sich viele Menschen äußerst unwohl. Wir wollen möglichst Klarheit und Sicherheit darüber haben, wie es weitergeht, was passieren wird und was zu tun ist. Ungewissheit verursacht Stress und das Gefühl, keine Kontrolle zu haben. In Wahrheit sind es natürlich stressige Gedanken, die den Stress verursachen und nicht die Ungewissheit an sich. Und in Wahrheit haben wir ohnehin keine Kontrolle, aber eben gerne die Illusion von Kontrolle. In jedem Fall sollten wir uns mit diesem Zustand besser anfreunden, denn wir werden heute öfter mit dem Thema Nichtwissen konfrontiert, als uns lieb ist.

Unberechenbarkeit

Modern ausgedrückt leben wir in einer VUKA-Welt.

V steht für Volatilität: Dinge verändern sich schneller, häufiger und umfassender als früher. Oft sprunghaft und schlagartig. Von jetzt auf gleich kann alles anders sein.

U steht für Unsicherheit: Die Zukunft ist immer weniger absehbar und planbar. Die meisten Vorhersagen sind so sicher wie längerfristige Wetterprognosen. Das gilt auch für unser privates und berufliches Leben.

K steht für Komplexität: Alles ist immer vernetzter, miteinander verknüpft und steht in Wechselwirkung. Damit wird alles undurchschaubarer. Eine klare Ursache und eine klare Wirkung sind kaum mehr abzuleiten. Beobachtungen aus der Vergangenheit lassen noch lange nicht auf die Zukunft schließen.

A steht für Ambiguität: Wir leben in einer Welt voller Mehr- und Doppeldeutigkeiten. Es gibt immer seltener eindeutige Lösungen für ein bestehendes Problem. Innere Zerrissenheit ist oft die Folge.

Unendlich viele Möglichkeiten

Außerdem leben wir heute in einem Schlaraffenland voller Möglichkeiten. Noch nie konnten wir so viel entscheiden wie heute. Noch nie hatten wir – zumindest theoretisch – so viele Optionen zur Auswahl. Das betrifft unseren beruflichen Weg (die eigenen Karriere- und Weiterentwicklungsoptionen) genauso wie verschiedenste Familienmodelle, Millionen an Bildungs-, Sport- oder Freizeitangeboten.

Was wie Honiglecken klingt, hat einen großen Haken: Wer die Wahl hat, hat die Qual. Es wird schwieriger zu *wissen* und zu entscheiden, was man selbst will – wirklich will. Noch dazu, wo wir ständig überall hören und lesen, wie wir zu sein und zu leben haben und was wir nicht alles brauchen, um glücklich und erfolgreich zu sein.

Informationsflut

Eines der größten Hindernisse dabei, unsere innere Weisheit und unser inneres Navi zu hören, ist die Informationsflut, der wir heutzutage ständig ausgesetzt sind. Radio, Fernsehen, Printmedien, Internet, E-Mail, andere Menschen – unzählige Informationen und Meinungen, die von außen auf uns einprasseln. Heute hören wir ständig irgendwo, was gut, richtig und wichtig ist, wie man zu leben hat und welche Ziele erstrebenswert sind. Das passiert oft so subtil, dass wir es gar nicht bewusst mitbekommen. Trotzdem wirkt, beeinflusst und verwirrt uns dieser Overflow.

Kein Wunder, dass wir schon fast verlernt haben, in uns hineinzuhören, um unsere wahren Empfindungen und Bedürfnisse festzustellen und danach zu handeln. Wenn es außen zu laut ist und zu viele Informationen auf uns einströmen, ist es schwierig, die vergleichsweise leise innere Stimme zu hören. Wer sich nie oder wenig Zeit nimmt, für sich allein zu sein, oder wer dazu neigt, ständig die Meinung anderer Menschen einzuholen, verliert ganz leicht den Draht zu seiner inneren Weisheit.

> Die VUKA-Welt, unsere vielen Möglichkeiten und die Informationsflut in unserem Alltag führen zu immer mehr Nichtwissen.

Viele Menschen versuchen dem Nichtwissen zu entkommen, indem sie *nachdenken*. Sie grübeln, zerbrechen sich den Kopf, spielen alle möglichen Szenarien im Geist durch – und drehen sich dabei gedanklich im Kreis. So entstehen Stress, innere Verwirrung und Zweifel. Die Lösung erscheint immer unklarer.

Andere Menschen neigen eher dazu, einfach mal *irgendetwas zu tun*, beschäftigt zu sein und im schlimmsten Fall in blinden Aktionismus zu verfallen, in der Hoffnung, dadurch das Nichtwissen zu beenden. Sie handeln angstbesetzt statt inspiriert. Doch was, wenn Nichtwissen in Wahrheit kein Problem ist, dem es möglichst schnell zu entkommen gilt?

> Nichtwissen ist die beste Ausgangsbasis dafür, dass die richtigen Antworten und Lösungen auftauchen können.

Nur, wenn Sie ständig nachdenken und grübeln über das, was Sie im Moment nicht wissen, entstehen Verwirrung, Unsicherheit und Zweifel. Nur, wenn Sie rennen, ohne eigentlich zu wissen wohin, verrennen Sie sich. Nur, wenn Sie denken, dass Sie etwas wissen müssen, was Sie im Moment nicht wissen, kommen Sie ins Schleudern.

Nichtwissen annehmen

Wenn Sie hingegen Nichtwissen einfach erst einmal annehmen – ohne *sofort* eine Lösung finden zu wollen –, wenn Sie langsamer werden und abwarten, dann und nur dann kann der Kopf zur Ruhe kommen. Und zwar ganz von allein. Sobald der Kopf ruhiger wird, entsteht Raum für Einsichten, Inspiration und Geistesblitze. Der menschliche Geist ist von Natur aus so angelegt, dass neue Gedanken und Wissen auftauchen. Wir neigen nur dazu, den „Kanal" zu verstopfen, weil wir ständig in unserer eigenen Gedankensuppe schwimmen. Wir blockieren mit unserem Denken den natürlichen Flow und machen uns selbst Stress.

Wenn Sie in einer Phase des Nichtwissens stecken, ist es kontraproduktiv, kilometerweit vorausschauen zu wollen. Sie müssen sich *jetzt* nicht den Kopf über die Zukunft zerbrechen und auch nicht darüber *nachdenken, wie* Sie ein bestimmtes Ziel erreichen können. Der Kopf kennt die Zukunft nicht, selbst wenn er oft so tut als ob. Es reicht, aufmerksam zu sein und darauf zu achten, was direkt vor Ihrer Nase passiert. Das Leben lotst Sie im Hier und Jetzt. Antworten finden Sie im Hier und Jetzt.

Manchmal geschieht das durch kleine Zeichen oder Winks – sei es durch Menschen, die Ihnen begegnen, sei es durch einen inspirierenden Film, ein gutes Buch, das Ihnen „zufällig" in die Hände fällt, ein Lied im Radio oder sonstige Hinweise, die Sie ein Stück weiterbringen. Plötzlich wissen Sie einfach, was jetzt der *nächste* Schritt ist – und das genügt. Manchmal ist sogar mit einem Schlag „alles" klar oder die Lösung liegt auf der Hand. Manchmal läuft es weniger magisch und Sie haben einfach das Gefühl oder die leise Ahnung, was jetzt als Nächstes zu tun ist – auch wenn Sie nicht immer wissen, *warum* und *wieso*.

Nichtwissen ist somit nicht länger ein Problem, das sofort behoben werden muss, sondern ein Anfang. Der Beginn einer neuen Klarheit. Wenn Sie sich erlauben, nicht zu wissen, dann machen Sie Platz für den Teil in Ihnen, der weiß. Sie öffnen den Raum für neue Ideen, für neue Lösungen und für echtes Wachstum. Mit anderen Worten:

> Die drei Worte „Ich weiß nicht" sind ein Türöffner zur universellen Weisheit.

Wenn du wahre Kontrolle willst,
lass die Illusion von Kontrolle los;
Lass dich vom Leben führen. Es tut es sowieso.

BYRON KATIE

Die Kontrolle loslassen

Ich war viele Jahre ein „Kontrolletti". Ein Mensch, der die Dinge gerne unter Kontrolle hat. Lief es nicht wie gewünscht oder wie geplant, war mir das, gelinde gesagt, gar nicht recht. Dagegen musste ich etwas tun:

- mich mehr anstrengen
- mehr/schneller arbeiten
- mehr schaffen
- besser werden
- disziplinierter sein
- positiver denken
- positiver fühlen
- neue Strategien, Techniken und Methoden finden

Loslassen und entspannen zählte beim besten Willen nicht zu meinen Stärken. Ich dachte, wenn ich mich genug anstrenge, laufen die Dinge so, wie ich das will. Wenn ich nur alles „richtig" mache, kann ich meine Realität nach meinen Vorstellungen gestalten. Meine Ziele erreichen. Glücklich sein.

Viele wissen, wovon ich spreche. Die, wie ich liebevoll sage, „Kontrolletti-Krankheit" ist in unseren Breitengraden recht weit verbreitet. Von klein auf lernen wir, auf eigenen Beinen zu stehen und die Dinge selbst in die Hand zu nehmen. Die

Verantwortung für uns selbst und oft auch noch für andere zu übernehmen. Die äußeren Umstände irgendwie zu beeinflussen und zu steuern. Uns selbst und unser Denken irgendwie unter Kontrolle zu bekommen. Positiv zu denken und das Gesetz der Resonanz zu nutzen. Alles letztendlich in der Hoffnung, so auf Dauer glücklicher zu werden.

Diese Lebensweise scheint manchmal durchaus zu funktionieren und so manche Erfolge lassen sich damit erzielen. Doch ist der Weg ziemlich steinig, anstrengend, stressig und oft einsam. Wir verzichten auf die Unterstützung, die uns das Leben bietet. Flow ade!

Als ich vor achtzehn Jahren kurz vorm Burnout stand, war ich gezwungen loszulassen. Die Zügel aus der Hand zu geben. Oh Wunder! Die Welt drehte sich, auch ohne mich. Ich brauchte noch ein Weilchen, bis mir bewusst wurde, dass mein kleines „Ich" eines sicher nicht hat und nie haben wird: das Leben im Griff. Und mein kleines „Ich" kann das Leben auch nicht willentlich steuern. Wie denn auch, wenn es nicht mehr ist als ein Gedankenkonstrukt, eine geniale Illusion des Verstandes.

Wenn ich das heute in der Öffentlichkeit behaupte, gibt es oft Widerspruch, und einige Stimmen behaupten, bei ihnen wäre das Gott sei Dank anders. Etwas provokant sage ich dann gerne: „Sie entscheiden nicht mal darüber, ob Sie morgen aufwachen."

> Sie haben das Leben nicht unter Kontrolle. Sie haben auch die Gedanken in Ihrem Kopf nicht unter Kontrolle. Egal, wie sehr Sie sich anstrengen.

Das wollen viele nicht hören. Weil allein der Gedanke daran, wie wenig wir tatsächlich unter Kontrolle haben, Angst macht. Doch Angst macht nur der Gedanke; und das nur solange uns nicht bewusst ist, dass wir in Wahrheit nicht getrennt sind vom Leben, sondern ein Ausdruck davon. Aber glauben Sie mir nicht, testen Sie, wie es läuft, wenn Sie loslassen und vertrauen.

Mal ehrlich: Die Sonne geht auf und unter. Das Gras wächst und die Blumen blühen. Die Erde dreht sich und Planeten kreisen in ihren Bahnen. Das alles geschieht, ohne dass Sie irgendetwas dazu tun müssen.

Schauen Sie sich selbst an. Ihr Körper ist ein Wunderwerk. Ihr Herz schlägt, Ihr Blut zirkuliert, Ihre Lunge atmet, Ihre Verdauung arbeitet, Ihre Haare wachsen und wenn Sie sich verletzen, heilen Ihre Wunden. Alles ohne Ihr Zutun. Was wir im Normalfall als so selbstverständlich hinnehmen, ist in Wahrheit ein Wunder.

Für all das gibt es zwar eine Reihe wissenschaftlicher Erklärungen, aber selbst bei vielen Wissenschaftlern hat die Erforschung des Lebens zu der Einsicht geführt, dass die Existenz von Materie ein Wunder ist, das sich nur durch eine höhere Macht erklären lässt. „Dass die Schöpfung durch Zufall entstand, ist so wahrscheinlich wie die Entstehung eines neuen Buches durch die Sprengung einer Bibliothek“, hat einmal ein Biophysiker gesagt. Allem Leben wohnt eine universelle Intelligenz inne. Das heißt: Da gibt es etwas, das unendlich viel intelligenter ist als unser kleines, begrenztes „Ich“ – als unser Verstand, der meint, Herr der Lage zu sein und alles, inklusive sich selbst, kontrollieren und steuern zu müssen.

Anfangs mag es wie eine schlechte und inakzeptable Nachricht klingen, dass Sie Ihr eigenes Leben nicht selbst kontrollieren. Es klingt nach Opfer-Dasein und Ohnmacht – dem Gegenteil von Selbstermächtigung und Selbstverantwortung. Wenn Ihnen allerdings bewusst wird, welche Power in allem und auch in Ihnen steckt und durch Sie wirkt, können Sie sich entspannen – es ergibt einfach keinen Sinn mehr, alles kontrollieren zu wollen. In diesem Bewusstsein kann Ihr Kopf mehr und mehr zur Ruhe kommen beziehungsweise sich um die Dinge kümmern, in denen er wirklich gut ist. Wenn Ihr Kopf klar ist, kann das hervorkommen, was wirklich ist.

> Statt sich als Einzelkämpfer zu fühlen, getrennt von allem, sind Sie Teil eines großen Ganzen. Inspiriert und angetrieben von etwas Größerem.

Sie lassen die universelle Kraft, die in Ihnen wohnt, zu, und sind im Flow. Dazu müssen Sie nichts Bestimmtes tun und nichts unter Kontrolle haben, sondern vielmehr geschehen lassen, was durch Sie geschehen will.

Loslassen und geschehen lassen

Wenn Sie ein Kontrolletti sind, experimentieren Sie damit, mehr loszulassen und Dinge geschehen zu lassen. Weniger zu kämpfen, nicht alles im Griff zu haben, planen und selber machen zu müssen. Arbeiten Sie mit dem Leben zusammen. Manchmal werde ich da gerne missverstanden und dann tauchen Einwände auf wie:

„Wenn ich die Kontrolle loslasse, bricht doch das totale Chaos aus.“

„Ich muss ja was tun und dafür sorgen, Ziele zu erreichen.“

„Ich kann doch nicht Nichts tun und einfach nur geschehen lassen.“

In aller Deutlichkeit: Mehr loszulassen, geschehen zu lassen und zuzulassen heißt *nicht*, dass Sie sich in den Schaukelstuhl setzen und in der Nase bohren. Oder Ihre Wünsche beim Universum deponieren und warten, bis die Bestellung geliefert wird. Kontrolle loslassen heißt nicht gleich nichts Tun.

Im Gegenteil: Wenn Sie nicht ständig mit dem Leben im Widerstand sind und zu kontrollieren versuchen, was Sie nicht unter Kontrolle haben, haben Sie viel mehr Energie und Nerven, um die Dinge auf Ihre Weise, in Ihrem natürlichen Flow anzugehen. Einfach zu tun, was Sie tun – ohne permanenten Lärmpegel im Kopf. Sie paddeln mit dem Strom des Lebens statt gegen ihn. Oder wie es ein Lehrer von mir ausdrückte: „Ein Surfer mag sich noch so sehr ins Zeug legen, den Großteil der Arbeit erledigt das Meer.“ Surfen ist Ihre Aufgabe, den Rest überlassen Sie dem Leben. Sie müssen weder die Wellen kontrollieren, noch in die Segel pusten, wenn gerade Flaute ist oder Sie mehr Wind wollen.

> Wenn Sie im Einklang sind mit dem Fluss des Lebens, können Sie kleinere und größere Wunder erleben.

Manche Menschen nennen das glückliche Zufälle, andere sprechen von Synchronizitäten. Synchronizitäten sind, laut Definition von Carl Gustav Jung, zeitnah aufeinanderfolgende Ereignisse, die nicht kausal miteinander verknüpft sind, aber als sinnhaft zusammenhängend empfunden werden. Das heißt, auf ein inneres Ereignis – einen Gedanken, ein Gefühl, eine Idee, einen Traum, eine Vision o. Ä. – folgt zeitgleich oder kurz darauf ein äußeres, physisches Ereignis, das wie eine Spiegelung des inneren (seelischen) Zustandes bzw. dessen Entsprechung wirkt.

Bei mir sehen diese „magischen“ Zufälle beispielsweise so aus:

- Ich tüftle an der Umsetzung einer neuen Idee. Zufällig lerne ich auf irgendeinem Event jemanden kennen, der mir da enorm weiterhelfen kann.
- Ich suche für ein Projekt, an dem ich arbeite, bestimmte Informationen. Mir fällt ein Buch ins Auge, das seit Jahren in meiner Bibliothek verstaubt. Bingo! Da steht alles drinnen, was ich brauche.
- Ich denke gerade über die Lösung eines Problems nach, während im Hintergrund das Radio läuft. Plötzlich sagt der Radiosprecher einen Satz, der bei mir einen Heureka-Effekt auslöst.

Manchmal läuft's auch weniger mystisch:

- Ich bin auf der Suche nach einem Seminarraum und der Kollege, den ich anrufe, hat genau an meinem gewünschten Termin noch einen Platz frei.
- Ein Klient sagt kurzfristig ab und mir bleibt genug Zeit, um einen Bericht zu schreiben, den ich dringend abliefern muss.

Das Leben entfaltet sich auf natürliche und harmonische Weise – im Flow. Die richtigen Dinge fallen Ihnen zu. Manchmal scheint das Leben dabei wirklich zu zaubern und manchmal treffen die Dinge einfach nur gut zusammen. Das Timing stimmt. Sie haben das Gefühl, zur richtigen Zeit am richtigen Ort zu sein.

Das heißt nicht, dass keine Probleme und Herausforderungen mehr auftauchen. Das heißt, dass sich die Probleme und Herausforderungen lösen lassen und kein großes Drama sind. Oder sich selbst Dramen letztlich gut entwickeln.

Wer viele solche Flow-Ereignisse erlebt hat, entdeckt darin ein Wissen und eine Weisheit, die das bewusste Denken bei Weitem übersteigt. Es entsteht das untrügliche Gefühl, dass im Leben tatsächlich alles miteinander verbunden ist und einen größeren, übergeordneten Sinn ergibt. Dass jeder Mensch mit seinem Schicksal in das große Ganze eingebunden ist – Teil von etwas Größerem ist. In diesem Bewusstsein fällt es wesentlich leichter, die Kontrolle loszulassen und zu tun, was man eben gerade tun kann. Ohne ständigen Hintergrundlärm im Kopf. Sehr entspannt und wesentlich produktiver. Denn in Co-Kreation mit der universellen Intelligenz des Lebens werden Dinge möglich, die Sie nie für möglich gehalten hätten, und die Sie, auf sich allein gestellt, niemals verwirklichen könnten – in allen Bereichen und Belangen Ihres Lebens. Machen Sie sich auf Wunder gefasst.

Ein Experiment für Ihren Alltag

Achten Sie in nächster Zeit auf Zeichen, Wegweiser und Botschaften, die in Ihrem Leben auftauchen.

- Wo ereignen sich „Zufälle", durch die Ihnen etwas zufällt?
- Wo bietet Ihnen das Leben Chancen oder öffnen sich Türen?
- Wo können Sie den nächsten Schritt gehen?

Wenige Minuten klaren Denkens
ersetzen viele Stunden harte Arbeit.

FRED DODSON

Entspannt mehr leisten

Schön und gut. Sie würden gerne annehmen und loslassen, stehen aber unter Leistungsdruck? Leistungsdruck ist das Gefühl, leisten zu müssen. Und zwar mehr als uns locker von der Hand geht. Mehr, als wir denken, leisten zu können. Mehr, als wir meinen, zu schaffen. Ein unangenehmes, oft sogar bedrohliches Gefühl.

Was tun viele bei Leistungsdruck? Sie strengen sich (noch) mehr an und arbeiten (noch) härter, in der Hoffnung das unangenehme Druckgefühl loszuwerden. Auch wenn sie dabei eigene Bedürfnisse übergehen, Grenzen überschreiten, körperliche Warnsignale und Burnout-Anzeichen missachten müssen. Auch wenn sie dadurch im Hamsterrad laufen.

Das ist höchst kontraproduktiv: Sich innerlich unter Druck zu setzen, mehr anzustrengen und härter zu arbeiten, macht Sie weder besser noch leistungsfähiger noch wirkungsvoller – und schon gar nicht glücklich. Obwohl das oft behauptet wird.

Im Coaching bekomme ich immer wieder zu hören: Ja, aber unter Druck bin ich besonders produktiv. Dahinter steckt ein Denkfehler. Nur, weil zwei Phänomene – nämlich Druck und Produktivität – gleichzeitig auftauchen, heißt das noch lange nicht, dass das eine das andere bedingt. Regenschirme verursachen keinen Regen; Druck keine Produktivität.

Die Wahrheit ist: Unter Druck sind viele deswegen produktiv, weil sie sich voll fokussieren auf das, was zu tun ist, ganz bei der Sache sind und zu Ablenkungen Nein sagen und dadurch in den Flow kommen. Das geht auch ohne Druck – besser sogar. Nur nutzen die meisten diese hocheffizienten Produktivitätsfaktoren seltener und weniger konsequent.

Falls Sie also denken, Druck sei die Ursache Ihrer Produktivität, sollten Sie diesen Glaubenssatz überdenken. Zahlreiche Studien zeigen jedenfalls, dass unter Druck und Stress auf Dauer das Leistungsniveau dramatisch sinkt.

Zahlreiche Studien belegen allerdings auch, dass der Zeit- und Leistungsdruck in der Arbeitswelt zunimmt. Die Anforderungen steigen. Wir müssen schneller und effizienter arbeiten, um alles zu schaffen. Und viele haben nebenbei auch noch einen Haushalt und eine Familie zu managen. Die zunehmenden Burnout-Zahlen bestätigen leider, was ich hier gerade predige: mehr ist nicht mehr. Härter ist nicht besser. Wir brauchen eine andere Lösung, um mit Leistungsdruck umzugehen und gleichzeitig die Produktivität zu steigern. Und zwar ohne dabei auszubrennen.

Vor allem bei Leistungsdruck: Erlauben Sie sich, es entspannt anzugehen. Lehnen Sie sich zurück, atmen Sie durch und erinnern Sie sich daran, dass Sie nicht alles schaffen, nicht alles im Griff haben und nicht alles sofort und selbst erledigen müssen. Es sitzt Ihnen keine Lebensbedrohung im Nacken – auch nicht, wenn es sich so anfühlt.

> Bevor Sie sich in Aktivitäten stürzen, warten Sie, bis Ihnen klar ist, was für Sie als Nächstes zu tun ist.

Hören Sie mehr auf Ihre inneren Impulse und tun Sie Schritt für Schritt, was Sie eben tun können. Innerlich stressbefreit schaffen Sie auf Dauer mehr. Wie soll das denn bitte gehen, fragen Sie? Nur durch eine höhere Bewusstseinssicht.

Durchschauen Sie Ihr Kopfkino

Ja, zunehmend kommen hohe Anforderungen von außen auf uns zu. Ja, oft wird auch Druck ausgeübt. Ja, das Arbeitspensum ist in der Regel mehr geworden. Das Gefühl der Überforderung und das Gefühl, etwas leisten zu müssen, kann die Außenwelt jedoch nicht in Ihnen auslösen. Sie fühlen – wie immer – Ihr Denken in diesem Moment.

Bei Leistungsdruck drehen sich die Gedanken üblicherweise ständig darum, was wir alles tun, schaffen, erreichen oder erledigen müssen. Gerade unter Druck neigen wir zu Katastrophen-Szenarien im Kopf. Wir malen uns aus, wie unsere Existenz in Gefahr ist, wir unseren Job verlieren oder sonst etwas Dramatisches passiert, wenn wir nicht schaffen, was wir *denken*, unbedingt schaffen zu müssen.

Oft läuft dieses Gedankenkino im Hintergrund – ohne dass wir es bewusst mitbekommen. Wir fühlen uns schlecht und denken, die Außenwelt ist schuld. Dabei machen wir uns selbst Angst, weil wir unsere erdachten Gedankenmonster, die wir in die Zukunft projizieren, für real halten. Angst ist kein guter Ratgeber. Wir sind abgeschnitten von unserer inneren Weisheit. Meinen, jetzt sofort handeln zu müssen. Handeln angstbesetzt statt inspiriert. Dementsprechend sieht das Ergebnis aus. Der Druck wird größer, der Kampf härter, die Angst mehr.

Sobald Sie erkennen, dass Ihr Kopf Ihnen ein Schnippchen schlägt und es in Wahrheit nicht um Leben und Tod geht (zumindest in den seltensten Fällen), nicht einmal um die Außenwelt und meist sogar um Probleme, die (noch) gar nicht existieren, können Sie sich entspannen und die Dinge in aller Ruhe angehen. Eines nach dem anderen. So gut es geht.

Ein klarer, ruhiger Kopf kann Ihnen viele Stunden harte Arbeit ersparen. Sie arbeiten entspannt und inspiriert statt von Angst getrieben zu sein. Sie sind im Flow. Ja, möglicherweise müssen Sie Dinge streichen, aber Sie werden wissen, was. Möglicherweise müssen Sie viel und lange arbeiten, aber es wird sich völlig anders anfühlen. Im Flow haben Sie trotz hoher Anforderungen und wenig Zeit kein Gefühl von Druck. Sie leisten ohne auszubrennen. Die Arbeit fühlt sich mühelos an.

Vom Gas steigen

Experimentieren Sie damit, bei Leistungsdruck vom Gas zu gehen, statt sofort loszulegen. Beispielsweise damit:

- ein paar Minuten die Füße hochzulegen und tief durchzuatmen
- zu meditieren oder sich einfach mal alles von der Seele zu schreiben
- sich zu erden
- ein gutes Buch oder einen interessanten Artikel zu lesen
- in der Natur spazieren zu gehen, zu joggen oder Yoga zu machen
- Musik zu hören, zu singen oder zu tanzen
- einen inspirierenden TED-Talk anzuschauen
- zu lachen oder zumindest zu lächeln
- jemandem eine Freude zu machen
- mit einem netten Kollegen Mittagessen zu gehen
- Freunde zu treffen
- kalt zu duschen, ein warmes Schaumbad zu nehmen oder sich massieren zu lassen

Das sind nur Ideen. Sie wissen, worum es geht, und werden Ihre eigenen Mittel und Wege finden. Bei Druck nicht sofort loszulegen, scheint allerdings oft völlig kontraproduktiv zu sein. Die große Herausforderung ist, zunächst einmal die innere Bremse zu ziehen. Langsamer zu werden. Sich daran zu erinnern, dass sich die Dinge auf die richtige Weise entwickeln, auch wenn es gerade nicht so aussieht. Wenn Sie sich innerlich entspannen und im Kopf loslassen, werden Sie Ihre innere Weisheit hören. Sie werden wissen, was für Sie jetzt wirklich zu tun ist und wo und wie Sie am besten ansetzen. Und dann tun Sie einfach, was zu tun ist. So gut es geht.

Verweile nicht in der Vergangenheit,
träume nicht von der Zukunft,
konzentrierte dich auf den gegenwärtigen Moment.
BUDDHA

Voll und ganz da sein

Ich hatte einen indischen Yogalehrer, der während der Yogapraxis und auch mitten in seinen Vorträgen immer wieder plötzlich innehielt und die Frage stellte: „Are you there?" Auf Deutsch: „Bist du da?"

Anfangs hat mich diese Frage ein wenig verstört. „Was will der Typ von mir? Der sieht doch, dass ich da bin. Wo soll ich denn sonst sein?", dachte ich. Bis ich überzuckert habe, dass sich die Frage nicht darauf bezog, ob ich *körperlich* anwesend war. Er wollte wissen, ob ich *geistig* und *energetisch* da war. Wirklich präsent. Oh! Da wurde die Sache schon wesentlich spannender.

Es ist ein menschliches Phänomen, körperlich an einem Ort anwesend sein zu können und gleichzeitig geistig ganz woanders zu sein. Ja, wir können tatsächlich in zwei Parallelwelten leben.

Sie reden mit einem Kunden oder Kollegen und sind mit Ihren Gedanken schon beim nächsten Punkt auf Ihrer To-do-Liste. Während Sie eine Aufgabe erledigen, checken Sie zwischendurch Ihre E-Mails, surfen im Internet oder heben beim Telefon ab, sobald es klingelt. Beim Abendessen sind Sie zwar zu Hause, aber mit Ihren Gedanken bei dem, was im Job war und was in den nächsten Tagen sein wird. Ganz zu schweigen davon, dass Sie oft über Dinge oder Situationen nachdenken, die in Wahrheit nie passiert sind bzw. nie passieren werden. Und das Ganze läuft großteils unbewusst ab.

Das sind natürlich nur Beispiele, Sie wissen, worauf ich hinauswill. Der große Haken an der Sache: Das ist ganz und gar nicht Flow-förderlich. Sie sind quasi gespalten.

> Das Leben findet nur hier und jetzt statt. In diesem Augenblick. Mehr gibt es nicht. Dieser Moment ist das kostbarste, was es gibt.

Das allerbeste Rezept für ein stressbefreites, erfülltes und erfolgreiches Leben: Voll und ganz präsent zu sein – da, wo Sie sind. Bei dem, was ist. Und das Beste daraus zu machen.

Wer nicht hinterm Mond lebt, hat schon von diesem Rezept gehört. Aber Hand aufs Herz: Wie oft beherzigen Sie es?

Zugegeben, präsent sein klingt zwar einfach, aber es ist nicht so leicht umzusetzen. Als Baby und Kleinkind war dieses „Im-Augenblick-Sein“ Ihr Normalzustand. Kinder driften nicht ständig ab in die Vergangenheit oder in die Zukunft. Sie sind in der Gegenwart, genießen das Leben, statt sich zu ängstigen und sich zu sorgen. Sie denken noch nicht so viel. Als kleines Kind war Ihre ganze Aufmerksamkeit auf das momentane Geschehen gerichtet. Sie konnten ganz im Augenblick aufgehen und sich selbstvergessen mit etwas beschäftigen. Damals wussten Sie genau, was Sie gerne hatten und was Sie tun wollten. Und dem sind Sie nachgegangen ohne zu zögern, ohne Selbstzweifel und ohne Selbstvorwürfe. Sie nahmen sich die Freiheit, einfach Sie selbst zu sein.

Was wir alle als kleine Kinder noch problemlos konnten,

haben wir mit der Zeit verlernt. Stattdessen haben wir gelernt, ständig im Verstand zu sein und zu versuchen, das Leben zu kontrollieren. Viele Menschen *denken* bewusst oder unbewusst sogar, dass einfach präsent zu sein und zu tun, was sie eben tun, nicht genug sei. Das ist ein großer Denkfehler, der wiederum viel Unruhe in den Kopf bringt.

Woody Allen hat einmal gesagt: Dabeisein ist 80 Prozent des Erfolges.

- Was also, wenn es genügt, da zu sein?
- Und was, wenn Sie nicht nur *da sind*, sondern *voll und ganz dabei sind*?

Halten Sie im Alltag immer wieder inne und fragen Sie sich: Bin ich da?

Präsent sein im Alltag

Üben Sie sich darin, präsent zu sein. Ihre Aufmerksamkeit bewusst auf das zu lenken, was hier und jetzt ist. Egal, ob Sie eine wichtige Aufgabe erledigen, ein Gespräch führen, in einem Meeting sitzen, am Heimweg sind, zu Abend essen oder Geschirr spülen.

„Sei im Jetzt!", ist ein weiser und weit verbreiteter Rat. Aber Achtung, dieser Rat wird gerne vom Verstand missbraucht. Schon denken Sie darüber nach, wann, wo und warum Sie nicht im Jetzt sind oder was Sie tun können, um ins Jetzt zu kommen. Vielleicht fühlen Sie sich schlecht oder machen sich Vorwürfe: „Ich sollte mehr im Jetzt sein!" Damit können Sie sofort wieder aufhören. Sie – wer Sie wirklich sind – sind *immer* im Jetzt. Ihr innerer Zeuge ist immer präsent. Auch wenn der Kopf woanders ist.

Falls Ihr Verstand rattern sollte, lassen Sie ihn rattern. Versuchen Sie nicht, Ihre Gedanken zu kontrollieren oder bewusst nichts zu denken. Das verursacht nur noch mehr inneren Tumult, weil so der Verstand gegen sich selbst kämpft. Bleiben Sie vielmehr auch hier präsent und beobachten Sie einfach, was ist.

Egal, was Sie tun: Wenn Sie voll und ganz präsent und bei der Sache sind, beruhigt sich der Kopf von allein. Sie sind verbunden mit der universellen Intelligenz – „online" –, offen für Einsichten und Eingebungen und haben Zugriff auf Ihr Potenzial. So finden Sie in den natürlichen Flow.

Es gibt zwei Arten sein Leben zu leben:
entweder so, als wäre nichts ein Wunder, oder so,
als wäre alles eines. Ich glaube an Letzteres.
ALBERT EINSTEIN

Ein paar Worte zum Schluss

Dieses Buch ist mein bester Versuch, in Worte zu fassen, was ich derzeit über das Menschensein, damit verbundenen Stress und den natürlichen Flow weiß. So wie Sie befinde ich mich auf einer Entdeckungsreise. Ich liebe es, den Geheimnissen des Lebens nachzuspüren, universelle Prinzipien zu erforschen und nach Antworten zu suchen. Gleichzeitig ist eines klar: In Wahrheit ist das Leben ein Mysterium. Ein wunderbares, unergründbares Mysterium. Oder mit den Worten Buddhas:

> Das Leben ist kein Problem, das es zu lösen, sondern eine Wirklichkeit, die es zu erfahren gilt.

Der Inhalt meines kleinen Werks hat Ihnen hoffentlich ein paar frische Perspektiven eröffnet, eigene Einsichten gebracht und neue Erfahrungen ermöglicht. Aber in erster Linie hoffe ich, Sie daran erinnert zu haben, dass Sie alles in sich tragen, um sich voll und ganz auf dieses mysteriöse Abenteuer einzulassen. Was wirklich zählt, ist ein gelebtes Leben – und Sie haben dabei in Wahrheit nichts zu verlieren. In dem Moment, in dem Sie keine Angst mehr vor Ihren eigenen Erfahrungen haben, können Sie Ihr Dasein mit all seinen Höhen und Tiefen in vollen Zügen genießen. Stressbefreit. Egal, was ist. Und wenn Sie dem Leben nicht länger misstrauen, kann es sich auf vollkommene und wundersame Weise entfalten. Besser als gedacht.

Schön, dass wir dieses magische Spiel gemeinsam spielen und dieses Abenteuer teilen. An dieser Stelle muss ich mich von Ihnen verabschieden. Ich freue mich aber sehr, wenn Sie mir eine Nachricht an su.busson@beyourbest.at schicken und mich wissen lassen, welche Erkenntnisse Sie bei der Lektüre gewonnen haben, was Ihnen geholfen oder wie sich Ihr Leben verändert hat. Jede Art von Feedback ist willkommen.

Oder Sie besuchen mich auf meiner Homepage:
www.beyourbest.at

Falls Sie mehr von mir lesen möchten, tragen Sie sich dort in meinen Newsletter ein.

Auf meiner Homepage finden Sie außerdem nähere Informationen über Matrix-Analysen anhand Ihres einzigartigen genetischen Bauplans und mein Coaching-Angebot.

In jedem Fall wünsche ich Ihnen ein Wunder-volles und Flowreiches Leben.

Mein persönliches Dankeschön

Zuallererst möchte ich Ihnen danken. Danke für Ihr Vertrauen und Ihre Bereitschaft, sich auf diese Entdeckungsreise einzulassen, gewohnte Denkpfade zu verlassen und mit neuen Sichtweisen zu experimentieren.

Von ganzem Herzen möchte ich all jenen danken, die zur Entstehung dieses Buches wesentlich beigetragen haben. Mein Dank gilt meinen weltlichen, spirituellen und geistigen Lehrern. Ganz besonders den Menschen, die dieses Leben mit mir teilen, und meinem wichtigsten Meister, dem Leben selbst.

Meinen Seelenfreund Thomas Neustädtl möchte ich besonders erwähnen. Danke, dass du mich schon so viele Jahre bei diesem Abenteuer begleitest. Danke für unzählige anregende, inspirierende und oft lautstarke Diskussionen, für schonungslos ehrliches Feedback und deine vielfältige Unterstützung – unter anderem beim Design des Buchcovers.

Ein riesiges Danke an meine Mutter Erika Busson, die mich auf meinem Weg stets bestärkt und unterstützt hat. Du bist und bleibst die allerbeste Mami der Welt – selbst wenn du dieses Buch niemals liest.

Apropos, ein großes Dankeschön an meine Testleser Norbert Tarmann, die Personal Trainerin und Yogalehrerin Betty Weißensteiner und die Künstlerin Frida B, die mir wertvolles Feedback gegeben haben.

Herzlichen Dank an das Verlagsteam bei Kremayr & Scheriau/Orac, insbesondere an Stefanie Jaksch. Danke, dass ihr mir mit eurem Know-How, eurem Einsatz und eurem Engagement helft, meine Bücher in die Welt zu bringen. Und ein großes Danke an Sophie Gudenus für das schöne Buch-Layout und Grafikdesign.

Ein besonderes Dankeschön geht an meine Lektorin Marilies Jagsch. Ich war positiv überrascht und gleichzeitig ein wenig erschüttert, wie viele Fehler deine Adleraugen in diesem Buchstabenmeer noch entdeckt haben. Mehr noch: Dein Gefühl für Stil, Struktur, Rhythmus und Logik hat maßgeblich zur Lesbarkeit dieses Buches beigetragen.

Erwähnen möchte ich auch noch meine Coaching-Klienten und -Klientinnen, die mir alle auf ihre Weise wertvolle Inputs für dieses Buch gegeben haben und von denen ich ständig dazulernen darf. Danke.

Ergänzende Literatur

Allen, David: Wie ich die Dinge geregelt kriege: Selbstmanagement für den Alltag. Piper Taschenbuch 2015.

Boerner, Moritz: Byron Katies The Work: Der einfache Weg zum befreiten Leben. Goldmann 1999.

Busson, Su: Ich. Bin. Jetzt. Auf dem achtfachen Yoga-Pfad zu sich selbst finden. Orac 2013.

Busson, Su: Das Wachstums-ABC: So verwirklichen Sie Ihre Wünsche, Träume und Ideen. Orac 2014.

Cameron, Julia: Der Weg des Künstlers. Ein spiritueller Pfad zur Aktivierung unserer Kreativität. Knaur 2009.

Covey, Stephen R.: Die 7 Wege zur Effektivität: Prinzipien für persönlichen und beruflichen Erfolg. GABAL 2018.

Csíkszentmihályi, Mihály: Flow. Das Geheimnis des Glücks. Klett-Cotta 2018.

Csíkszentmihályi, Mihály: FLOW und Kreativität: Wie Sie Ihre Grenzen überwinden und das Unmögliche schaffen. Klett-Cotta 2018.

Ein Kurs in Wundern: Textbuch/Übungsbuch/Handbuch für Lehrer. Greuthof 2018.

Gribbin, John; Griese, Friedrich: Auf der Suche nach Schrödingers Katze: Quantenphysik und Wirklichkeit. Piper 1996.

Harari, Yuval Noah: Ein kurze Geschichte der Menschheit. Pantheon Verlag 2015.

Hawking, Stephen: Kurze Antworten auf große Fragen. Klett-Cotta 2018.

Hicks, Esther; Hicks, Jerry: Ein neuer Anfang: Das Handbuch zum Erschaffen deiner Wirklichkeit. Heyne Verlag 2011.

Kabat-Zinn, Jon: Im Alltag Ruhe finden: Meditationen für ein gelassenes Leben. Knaur MensSana 2015.

Katie, Byron; Mitchell, Stephen: Lieben was ist. Wie vier Fragen Ihr Leben verändern können. Goldmann 2002.

Keller, Gary; Papason, Jay: The One Thing: Die überraschend einfache Wahrheit über außergewöhnlichen Erfolg. Redline Verlag 2017.

Killers, Weight; Wist, Tom: Zuckerfrei: Wie Sie Ihre Zuckersucht beenden und Ihren Körper natürlich entgiften. CreateSpace Independent Publishing Platform 2018.

King, Serge Kahili: Der Stadt-Schamane: Ein Handbuch zur Transformation durch Huna, das Urwissen der hawaiianischen Schamanen. Lüchow 2014.

King, Serge Kahili; Hörner, Karl Friedrich: Schamanische Kräfte und Sinne: Als Stadt-Schamane die Wirklichkeit verändern. Lüchow 2011.

Kössner, Christa: Die Spiegelgesetz-Methode. Praktischer Wegweiser in die Freiheit. Ennsthaler 2018.

Mello, Anthony de: Gib deiner Seele Zeit. Herder 1999.

Mello, Anthony de: Warum der Schäfer jedes Wetter liebt. Weisheitsgeschichten. Herder 1988.

Mello, Anthony de: Warum der Vogel singt. Herder 1984.

Moss, Michael: Das Salz–Zucker-Fett-Komplott – Wie die Lebensmittelkonzerne uns süchtig machen. Ludwig Buchverlag 2014.

Neill, Michael: Supercoach: 10 Secrets To Transform Anyone's Life. Hay House UK 2018.

Neill, Michael: The Space Within: Finding Your Way Back Home. Hay House UK 2016.

Pransky, Jack Dr.; Symons, Katja: Das hätte uns jemand sagen sollen! Einfache Wahrheiten für ein gutes Leben. CreateSpace Independent Publishing Platform 2016.

Seiwert, Lothar J.: Wenn du es eilig hast, gehe langsam: Wenn du es noch eiliger hast, mache einen Umweg. Der Klassiker des Zeitmanagements mit neuen Tools. Campus Verlag 2018.

Tolle, Eckhart: JETZT! Die Kraft der Gegenwart: Ein Leitfaden zum spirituellen Erwachen. Kamphausen Media GmbH 2018.

Uchtmann, Mathis: Endlich mehr Zeit! Wie Sie weniger arbeiten und mehr erreichen. CreateSpace Independent Publishing Platform 2014.

Virtue, Doreen: Himmlische Führung: Kommunikation mit der geistigen Welt. Koha 2013.

Zeilinger, Anton; Griese, Friedrich: Einsteins Spuk: Teleportation und weitere Mysterien der Quantenphysik. Goldmann Verlag 2007.

Endnoten

1 Bei Klopftechniken wie EFT oder MET werden zur Stresslösung bestimmte Akupunkturpunkte nach einem Muster abgeklopft und dabei bestimmte Sätze aufgesagt.

2 Kein Schmerz, kein Gewinn.

3 Affirmationen sind positiv formulierte Sätze, die man sich selbst über einen längeren Zeitraum vorsagt, um das Unterbewusstsein mit neuen Gedanken zu programmieren.

4 Dr. Serge Kahili King ist einer der bekanntesten Huna-Lehrer, der durch seine Arbeit das alte schamanische Wissen aus Hawaii für moderne Großstädter verständlich macht. *Schamanische Kräfte und Sinne* ist das Buch, von dem hier die Rede ist.

5 Die Hatha Yoga Pradipika ist das Grundlagenwerk des Hatha Yoga. Sie wurde im 14. Jahrhunderts von Svatmarama geschrieben und ist nach dem Yogasutra von Patanjali die bekannteste klassische Yogaschrift.

6 E-Nummern sind Zusatzstoffe, die dazu dienen, Lebensmittel technologisch zu verändern. Obwohl jeder Zusatzstoff gesundheitlich unbedenklich sein muss, um von der europäischen Behörde für Lebensmittelsicherheit (EFSA) zugelassen zu werden, rät die Verbraucherzentrale von einer Reihe von E-Nummern ab und warnt vor möglichen Gesundheitsschäden.

7 Der amerikanische Life-Coach Anthony Robbins ist einer der bekanntesten Persönlichkeitstrainer weltweit, hat mehrere Bestseller geschrieben und zählt laut Forbes Magazine zu den 20 einflussreichsten Persönlichkeiten der USA.

8 Die amerikanische Sozialpsychologin Amy Cuddy ist Bestseller-Autorin, preisgekrönte Harvard-Dozentin und Expertin

für die Verhaltensforschung über Macht, Präsenz und Vorurteile.

9 Ein Samadhi-Tank (auch Floating-Tank oder Schwebebad) ist ein lichtundurchlässiger Tank, in dem man auf Salzwasser wie im leeren Raum schwebt. Den Sinnen sind währenddessen alle Reize entzogen.

10 Satsang bedeutet im Sanskrit „sich treffen in der Wahrheit" und ist ein Treffen mit einem spirituellen Lehrer, der als „erleuchtet" oder „er-wacht" gilt.